家庭教育

JIATING JIAOYU

五年级

总 主 编——朱永新
本书主编——李福灼 童喜喜

漓江出版社
·桂林·

图书在版编目（CIP）数据

家庭教育．五年级 / 朱永新总主编；李福灼，童喜喜主编．-- 桂林：漓江出版社，2023.8
ISBN 978-7-5407-9118-6

Ⅰ．①家… Ⅱ．①朱… ②李… ③童… Ⅲ．①小学生—家庭教育 Ⅳ．① G782

中国版本图书馆 CIP 数据核字（2021）第 138834 号

家庭教育　五年级
JIATING JIAOYU WUNIANJI

总 主 编　朱永新
本书主编　李福灼　童喜喜

出 版 人　刘迪才
选题统筹　李　弘
责任编辑　覃乃川
装帧设计　黄　洁
责任监印　杨　东

出版发行　漓江出版社有限公司
社　　址　广西桂林市南环路22号
邮　　编　541002
发行电话　0771-5825315
邮购热线　0771-5825315
网　　址　www.lijiangbooks.com
微信公众号　lijiangpress

印　　制　广西民族印刷包装集团有限公司
开　　本　787 mm × 1092 mm　1/16
印　　张　10.5
字　　数　165千字
版　　次　2023年8月第1版
印　　次　2023年8月第1次印刷
书　　号　ISBN 978-7-5407-9118-6
定　　价　32.00元

丛书编委会

本书编委会

总 主 编：朱永新

本书主编：李福灼　童喜喜

副 主 编：邓立玲

本书作者：邓立玲　陆　欣　蒙燕玲

李晓琳　任毓萍　黎玉兰

总　　序

家庭是教育的起点

朱永新

我们培育的孩子，是中国美好的明天，是我们共同的未来。每个大人都希望孩子有出息，希望今天的孩子是明天的人才。

但是，无论父母还是老师，我们很多大人在面对孩子的许多问题时，经常力不从心，不知所措。遇到困难的大人们，无论是渴望家庭教育方法的父母长辈，还是希望引导父母做好家庭教育的一线教师，不仅需要倾诉和聆听，更需要得到指导和帮助。这一套为家长量身打造的“家庭教育”丛书，正是为此应运而生。

为了让这套“家庭教育”丛书能够得到更好运用，在编写过程中，我们对各个环节进行了精心的设计。

我们针对0～3岁、幼儿园、小学、初中、高中五个阶段，分别邀请专家学者进行主编：《中国教育报·家庭教育周刊》主编杨咏梅和广西幼儿师范高等专科学校校长、教育学博士文萍主编0～3岁阶段和幼儿园阶段的内容，新教育萤火虫亲子共读公益项目创始人、原新家庭教育研究院理事长、著名儿童文学作家童喜喜和南宁师范大学教师教育学院院长、教授李福灼主编小学阶段的内容，南京师范大学教授、新家庭教育研究院副院长殷飞和南宁市第十四中学校长、正高级教师石鹏主编初中阶段的内容，中国教育学会家庭教育专业委员会常务副理事长、中国教育报刊社原党委书记兼社长翟博和南宁师范大学教师教育学院副院长、广西家庭教育研究会副会长王文蓉主编高中阶段的内容。

这五个阶段的主编，都是活跃在一线的优秀专家，在学术研究上各有造诣，都是家庭教育工作的资深学者，常年奔走在全国各地，对家庭教育的一线情况如数家珍，不仅有着广泛的影响力，更对不同地区的家庭教育特点有着全面把握，让这套丛书的内容能够更好地覆盖不同群体。

我们反复研讨，提出了诸多具体细致的编写要求。比如写作中，围绕相同问题，需要归纳不同背景、不同环境下容易出现的不同类型的状况或做法，分门别类地进行指导，从而让读者在阅读中更容易发现自己的问题和不足，选择方法时更有针对性等。

我们组建了由在中小学、幼儿园工作的优秀教师和全国各地的“新教育种子计划”公益项目的榜样教师组成的作者团队。这些作者本身就活跃在家庭教育的一线，他们每个人都在为丛书添砖加瓦，使得这套丛书更接地气，进一步提高其实用性。

我们以“过一种幸福完整的教育生活”作为宗旨，在内容中贯彻诸多家庭教育的根本理念，如“教育，从家庭开始”“幸福比成功更重要，成人比成才更重要”“阅读和家庭，是教育的两大基石”“母亲是女人最神圣的天职”“父亲是男人最重要的工作”“与孩子一起成长”“教育需要智慧爱”等。

我们反复推敲丛书的体例，形成了一个严密而高效的结构——

导语，对单元目标进行提纲挈领的把握。

案例分析，以当下事件为切入点，提炼重大问题，有的放矢。

了解孩子，明确不同年龄段孩子的主要特点，增进多方了解。

实施指南，以简明扼要的语言提供具体方法。

延伸拓展，围绕相关主题，推荐更多图书、影视或亲子活动，便于按图索骥，亲子共读、共赏、共乐。

评估改进，以现实生活中易犯的错误，结合章节的主题，编写测试题，供读者自测、自评，拟订行动计划。

鲜活的案例、务实的分析、高效的方法、贴心的测评，我们相信，这套丛书能够成为家庭教育的高参，成为家校共育的锦囊。

其实，在收到主编这套“家庭教育”丛书的邀请之时，我犹豫了很久。一是因为本职工作已经非常忙碌，主编一套丛书需要不少时间；二是因为早在几年前，我已经组织编写过一套同类题材的图书。最终，考虑到漓江出版社当时是应教育部门的委托前来邀请，考虑到有了此前的经验能够弥补一些不足，可以进一步提高家庭教育的有效性，我还是答应下来。

我知道，理念转化为图书容易，方法转化为行动艰难，所以我们从不同层面，推动着行动。

我把主编这套丛书的稿费100%捐赠给江苏昌明教育基金会，用于开展更多家庭教育研究和实践。

这套丛书的主编团队、作者团队，不仅会完成这套丛书的编写，还会在更多家庭教育的活动中，身体力行地帮助家长、教师、社会工作者运用这些知识。

在漓江出版社的支持下，由“家庭教育”丛书的编写委员会执行主编、小学阶段主编童喜喜以中国儿童文化艺术基金会“新孩子”专项基金和新教育新阅读研究所统筹组建的公益团队，已经在为城市、乡村等不同处境的父母群体细化研发更有针对性的课程，密切关注留守儿童成长问题、隔代教育问题等，并借助网络的便利，以公益的方式，将以“新父母双师网校”为载体，以“新教育种子计划”“新教育萤火虫亲子共读”等公益项目，为父母、老师提供更多跟进指导。

这套丛书的内容得到了许多学校的认可。如今越来越多的学校教育工作者发现：家庭教育做好了，学校教育的地基就坚实了。所以，我们也和漓江出版社多次沟通，根据学校的特点和要求进行相应调整，专门推出了适合学校工作的版本，便于学校组织开展家庭教育工作。

陶行知先生说过：“生活即教育。”家庭教育正应该成为这样的生活。教育应以万千家庭的生机盎然，组成新时代的蓬勃原野。

感谢漓江出版社的信任，感谢参与编写和创作的全体专家、老师认真勤奋、卓有成效的工作。错漏之处，敬请读者们多多指正。

家庭是教育的起点。起点稳了，方向对了，基础就牢了，孩子就好了，家庭就和谐了，教育就完整了，人生就幸福了。让我们一起努力，用好教育建设我们的好家庭！

2022年8月13日写于高铁途中

开 篇 语

迎接挑战，责任担当

当您打开了这本书，我们欣慰无比，因为您是渴望与孩子共同成长的父母。进入五年级，孩子长大了。面对孩子即将到来的第二生长期，您准备好了吗？

五年级是孩子处于拔节生长、自我发展追求加速度的阶段。孩子开始进入少年期，由依赖向半独立、半成熟过渡。随着自我意识的崛起，孩子对事物有了自己的观点和看法，但往往又不尽然。因此，叛逆其实是孩子自我探索的过程，却成了父母不愿放手的借口；浮躁事实上是孩子需要欣赏和激励的表现，而不是不会迎合父母的躁动。父母常常抱怨孩子有顶嘴、磨蹭、不认同长辈、不透漏心里小秘密的行为。那么，我们换位思考一下，我们有没有教导孩子用他人能接受的方式表达自己不同的观点？是否耐心地听完孩子的表达，理解孩子内心的真实想法？是否主动尊重和保护孩子的小秘密？是否和孩子一起共同完成一些他所期盼的事情……对于“父母”这个人世间最温暖的称谓，我们在孩子的人生中为它赋予了怎样的温度？

作为“家庭教育”系列丛书的五年级，本书以“迎接挑战，责任担当”为主题，从“家风建设”“习惯养成”“幸福学习”“友善关系”“健康成长”“家校共育”六个维度，帮助家长有效地培养五年级孩子的责任意识、独立意识，以及不畏难、不怕苦的精神，引导孩子顺利度过习惯养成的定型期，促进孩子的成长。

作为家长，我们不仅需要主动接纳孩子不稳定的情绪，理解孩子的行为表现，树立不急不躁的良好家风，给孩子营造和谐、宽松的家庭氛围，而且要在亲子沟通中给予孩子更多的倾听、鼓励、信任，珍惜和孩子相处的时光，与孩子共同成长。这也是我们对自己为人父母最好的回报。

目 录

五年级上册

五年级下册

五年级上册

第一专题 温暖的家风能孕育有担当的孩子

随着孩子进入五年级，他们的自我意识开始崛起。对于“幸福的家”，孩子有了自己的观点和看法。通常来说，孩子都希望自己生活的家是温暖而温馨的，这样的家人会给孩子无比美好的感受，也会给予孩子无穷的力量。

因此，作为家长，我们需要积极地营造温馨的家庭氛围，让家成为孩子温暖的避风港，让孩子对家庭生活充满憧憬，从而更平和地面对成长过程中的困难和挑战，进而自信、坚强地成长，并在未来的生活中不断延续和发扬这种良好的家风。

勇于挑战

——因势利导，顺势而为，直面困难与挫折

案例分析

小希是一个超级喜欢玩游戏的五年级学生。在家里，完成老师布置的作业后，小希就会想方设法玩手机游戏。父母的手机没一会儿就到了小希的手上。对此，小希的父母很着急，并且对如何调整小希的兴趣爱

好感到很无奈、迷茫。

有一天，妈妈让小希做了一道选择题：“孩子，你愿意做一个设计游戏的人，还是一个被游戏设计的人呢？”小希说：“这两种人有区别吗？”妈妈解释道：“孩子，你知道吗？你玩的这些游戏软件呀，它们的设计者是一群精英。他们虽然喜欢网络游戏，但并不是简单地沉迷于游戏中，而是成为行业的顶尖人才。”小希说：“妈妈，那我选择做一个设计游戏的人。”

在妈妈的推荐下，小希报名参加了学校的机器人社团，开始学习电脑编程。然而，在参加机器人社团的过程中，小希遇到了很多困难，最大的困难就是没有了周末的娱乐时间。如果遇到大赛，小希还要参加集训，这几乎占据了他所有的空余时间。面对课程学习和兴趣培养的双重压力，小希也有过放弃的念头，但看到努力后取得的成果时，他又决定默默地坚持下去。

后来，在妈妈的陪伴与帮助下，小希克服了学习上和生活上的困难，参加了很多次机器人比赛，从省级赛到世锦赛。在这些比赛中，从获得三等奖到获得一等奖，小希变得越来越自信，越来越阳光。对一个五年级的孩子来说，这些奖项极大地增强了小希的自信，激励着他朝自己的兴趣不断纵深发展。

小希和许多同龄人一样喜欢玩网络游戏，但小希的妈妈透过现象看本质，引导小希思考：将来要做一个什么样的人？是设计游戏的人，还是被游戏设计的人？看似简单的一道选择题，其实却是在和孩子讨论人生意义的现实问题。最后，小希在妈妈的陪伴下，克服了学习和生活的困难，积极参加机器人兴趣大赛，并获得了许多大奖。作为家长，我们如果能正向引导孩子的某些“缺点”，让孩子相信自己拥有聪明才智或者不凡的能力，孩子自然会合理地运用这些能力，努力实现自我价值。网络游戏不是洪水猛兽，学会正确对待网络游戏与孩子的关系，给予孩子正向的引导和帮助，才是每个家长都应该做到的事。小希之所以成功地改变了自己，主要是因为小希的妈妈在小希的成长过程中做到了以下几点。

1. 善于观察与分析孩子沉迷于游戏的背后原因。

孩子沉迷于网络游戏，究其原因主要有三：首先，网络有孩子感兴趣的内容；其次，孩子缺少亲朋好友的陪伴而感到孤独；最后，有的孩子为了逃避现实，选择待在虚拟的世界，以寻找安慰或存在感。随着社会的不断发展，家庭的生活压力也日益增大，大多数家长都忙于工作，并没有太多的时间陪伴孩子。在这种情况下，网络成为孩子与人沟通、交流的主要渠道。此外，很多家长想要让孩子“赢在起跑线上”，使得孩子本该无忧无虑的生活充满着竞争的压力。“第一”毕竟只是极少数人的，而且孩子的表现与父母的期待或多或少都会有点差距。于是，很多孩子隔三差五就会被父母批评。当被责骂的次数多了，孩子就会开始怀疑自我，从而希望在虚拟的世界里找到心灵的慰藉。

2. 尊重孩子的选择，培养孩子的兴趣爱好。

在上述案例中，小希参加机器人社团的过程并不是一帆风顺的，他不仅要面对机器人社团培训过程中遇到的困难，而且要应对来自学业的压力。即便如此，小希也并没有放弃培训，因为兴趣是最好的老师。只有做感兴趣的事情，人们才有勇气迎接挑战，克服困难。因此，在孩子的成长过程中，家长可以主动给孩子推荐有利于培养兴趣爱好的学习途径，让孩子在成长的道路上少走弯路。

3. 给予孩子高质量的陪伴。

对五年级的孩子来说，他们需要的不是父母简单地待在身边，而是高质量的亲子陪伴。也就是说，父母应该把孩子当成朋友一样相处，和孩子一起谈心，一起完成某件事，为孩子的高兴而高兴，为孩子的烦恼而烦恼，与孩子融洽相处。节假日时，家长可以主动带领孩子参观科技馆或博物馆，或者带孩子逛书店、到郊外远足等，这不仅可以增进亲子的交流，拉近彼此的关系，而且可以开阔孩子的视野，促进孩子的健康成长。

4. 鼓励孩子面对困难，勇于挑战。

当今社会充满了竞争，人生的道路并不总是一帆风顺的，挫折每时每刻都有可能发生。一些孩子因为一点小事就选择结束生命的惨剧频频出现。这些血的教训实在令人触目惊心，不得不引起我们的关注和深思。孩子在家受父母的疼爱，在学校有老师的庇护，导致他们就像温室里的花朵，经不起风吹雨打，于是形成了耐受力差、经不起挫折、吃不了苦头、受不了委屈的性格特点。有的孩子遇到一点点小事就会产生过激的心理及行为反应。因此，父母需要重视对孩子进行挫折教育，让孩子在挫折中学会坚强，鼓励孩子勇于面对困难和挑战，迎难而上。

五年级的孩子竞争意识增强，面对孩子成长过程中的问题与困难，家长需要主动寻找并认真分析孩子行为背后的原因，与孩子进行深入的沟通和交流，并给孩子提出宝贵的意见和建议，积极引导孩子直面困难，陪伴孩子共同战胜挫折与挑战。

了解孩子

五年级的孩子正处在10～11岁的年龄段，从心理学的角度看，小学阶段的孩子处于童年期，即学龄初期，而五年级和六年级则是童年期和少年期的交接处。因此，这个时期是孩子人生发展过程中十分重要的阶段。进入五年级，孩子身上通常会有一些共通的特点，而这些特点就像一个十字路口，家长一定要引导孩子选对方向，因势利导。在这个阶段，孩子的共通特点主要有以下几个方面。

一、竞争意识增强，不想输，更想赢。

无论是在学习上，还是在生活中，五年级的孩子都不甘落后。如果说四年级的孩子是为了完成老师布置的任务而做作业，那么五年级的孩子则是为了不负于同学而积极学习。因此，在这个阶段，家长看到的是一个全新的孩子。此时，如何引导孩子的竞争意识成为家庭教育中的一个新问题。

在这样的情况下，有些家长放手过早，认为孩子动力十足，不用再像四年级一样亲自督促，使得有些孩子进入五年级后因在学习上缺少督促和导向而掉队，产生了极大的心理落差。有的家长想借助这股东风，让孩子在各个方面再上一层楼。于是，他们带着“望子成龙”“望女成凤”的愿望，给孩子无限加码，导致孩子出现厌学，甚至与家长对抗的不良现象。

其实，尽管进入了五年级，但是孩子们依然存在着较大的个体差异。作为家长，我们不应该总是用别人的标准要求自己的孩子，而是应该引导孩子选择合适的竞争对象，制定合理的前进目标，以便更好地提升自己。

二、开始有自己敬佩的对象。

五年级的孩子聚在一起时，讨论的不仅仅是玩具和游戏，很多时候也会谈论学习。这不仅是因为这个阶段的学习难度和广度有所提升，更重要的是因为这个年龄段的孩子会发自内心地关心学习成绩，并开始对学习优秀的同学产生敬佩的心理。对五年级的孩子来说，这个阶段的心理健康培养是非常重要的。

因此，作为家长，我们需要引导孩子正确对待学习成绩和自身的优点、缺点，直面进步与落后，避免把羡慕变成嫉妒，还要注意不能因为一时的落后而灰心丧气，也不能因为一时的优秀就骄傲自满。同时，在面对孩子的不当行为时，家长应该及时与孩子沟通，利用空闲的时间与孩子交心，而不是一味地发火或指责。其实，家长与孩子交心的形式可以灵活多样，一起做家务、共同玩耍都是亲子沟通的好时机。

三、独立能力骤增，乐于参与团体活动。

随着孩子进入五年级，他们的独立能力有了明显提高。在学校里或者放学后，孩子们会三五成群地自行组织有明确的目的和行动方法的团体活动。然而，在实际生活中，大多数家长会认为这些活动耽误了孩子的学习，所以持有不支持的态度。有些家长甚至直接或间接地禁止孩子参加这些活动。久而久之，孩子的抵触心理就会与日俱增。

其实，孩子参与这些活动能充分锻炼他们的合作意识，家长应当善于利用这样的机会锻炼孩子的能力。为此，在家庭教育的过程中，家长需要主动了解孩子的生活，给予孩子更多有效的指导。有时候，家长也可以亲自参与其中，或许会有意想不到的收获。

由于处于童年期和少年期的交接处，五年级的孩子有区别于其他阶段孩子的特性。为此，家长需要主动与孩子沟通，用心倾听他们内心的真实想法，以便更好地指导与教育孩子。

1. 多一点尊重，可以吗?

爸爸妈妈，我已经不再是什么都不懂的小孩子了，我也想有自己的私人空间。尤其是在安排我的事情时，我希望爸爸、妈妈能征求一下我的意见，尊重我的想法。我真的希望你们在给我爱的同时，也能多一些尊重。

2. 请允许我和小伙伴玩耍，好吗?

每周一至周五我都在学习，根本没有时间和我的小伙伴们一起玩耍。周末时，我希望能和自己的朋友聊聊天，分享一个星期的所见所闻，或者玩一下游戏，以增进彼此的友谊。希望爸爸妈妈能尊重我的娱乐生活。

>> 3. 我想得到爸爸妈妈的鼓励和指导。

面对困难时，我希望能得到爸爸妈妈的鼓励和指导。如果我的自律性不足，我希望能在爸爸妈妈的帮助下不断完善和提升自己。你们不管不问，或者一味地唠叨与指责，会让我找不到努力的方向。同时，我希望爸爸妈妈能看到我努力的过程，而不是只在乎结果。

通常来说，五年级的孩子在这个阶段有他们的共性特点。作为家长，我们应该主动了解孩子的这些共性特点，在激励孩子的同时给予他们足够的自我成长与发展空间，并且主动站在孩子的角度，尝试理解孩子的想法和行为，从而积极引导孩子做出正确的选择。

实施指南

在成长的过程中，孩子难免会遇到困难和失败。面对这样的情况，有的孩子能够战胜困难、勇往直前，获得丰硕的成果；而有的孩子却被困难打垮，一蹶不振。产生这种差距的原因是心理态势的不同，前一种类型的孩子有着顽强的意志力和振奋的精神，不断学习新的技能和方法，并不断地获得成功，这样的人具有很强的心理优势；而后一种类型的孩子只要遇到困难，自信心受到打击，就会产生很低的自我评价。这样的心理状态会压抑他们的潜能和创造力，使得他们会找出一堆借口推卸责任，最后只好选择“我不再做这件事”来逃避失败的打击。五年级是培养孩子勇于挑战、不怕挫折的良好品质的关键期，为了避免孩子成为后者，我们家长不妨试试以下几种策略。

◆ 策略一：语言上，经常表扬孩子。

家长可以把以下4句日常用语挂在嘴边，这些话可以帮助孩子告别“三分钟热度”，做事不怕困难，坚持到底。

> >> 1. “你的付出，爸爸妈妈都看在眼里。”

当孩子在认真地做某件事时，希望自己的付出被看见，还希望获得爸爸、妈妈的反馈。比如，当孩子练了很久的钢琴后，家长可以对他说：“孩子，今天你在认真地弹琴，我听得真的是很享受。”

> >> 2. “尽管很难，但你没放弃，妈妈为你的坚持点赞。”

当孩子遇到困难的时候，最需要的是爸爸妈妈的鼓励，这股力量会让孩子铆足劲儿去战胜困难。

> >> 3. “别沮丧，你今天的表现比昨天更好了。”

当孩子付出了努力，却没有得到收获的时候，家长可以主动为孩子的努力和付出点赞，这就能够给孩子继续努力的勇气。

> >> 4. “这么难的事情你是怎么做到的，能教教我吗？”

当孩子出色地完成了某件事，家长要引导孩子总结经验，孩子会更加有自驱力。

以上这几句看似很简单的话能给孩子巨大的鼓励，家长可以尝试把这些话挂在嘴边，在语言上鼓励孩子，让孩子知道有人能看见他的付出，他的付出是值得的。

◆ 策略二：行动上，接纳孩子的情绪和感受。

当孩子遇到困难的时候，家长要接纳孩子的情绪和感受。我们要给孩子自主选择权，要引导、启发孩子自主决定，而不是帮孩子扛下所有的事。比如，孩子在解一道数学难题时，想不出来就会说：“这道数学题怎么就那么难呢？”这个时候，家长可以给孩子自主选择权，可以问他：“那要不要继续思考呢？如果坚持要把这道题解出来，你是打算自己想办法解决呢，还是需要爸爸、妈妈协助呢？或者不会做这道题，就不做了。”孩子有决定继续思考的权利，也有先放弃这道题去干别的事情的权利。当孩子有了自主选择权，将来遇到挫折的时候，他才有想要战胜它的欲望。先有放弃的权利，才有抵抗挫折的能力。这样做既尊重了孩子的自主性，又提升了孩子面对挫折的能力。随着年龄的增长，孩子的自主性会越来越强，“我想坚持写完作业我就要坚持”“我想要今天晚上背完古诗才睡觉”“我就要今天晚上背完古诗才睡觉”会逐渐成为孩子的日常用语，而这个“我坚持要”“我想要”“我就要”就是我们家长培养孩子面对困难时的勇气。

◆ 策略三：心理上，帮助孩子回忆起“高光时刻”。

“高光时刻”是孩子曾经表现得很好的一次经历。当孩子回忆起“高光时刻”时，就会重拾信心。例如家庭聚会的时候，你想让孩子唱一首歌，孩子就是不愿意唱。如果孩子是因为害怕唱不好而怯场，那么这个时候，家长应当这样引导：“孩子，我理解你现在不是很有把握。你记得吗？上一次你在学校艺术节唱的那首歌很好听！今天，你要不要再展示一下呢？是你和我一起唱，还是你和别的小朋友一起唱呢？”

由此可见，家长应该“预存”一些孩子的“高光时刻”，在孩子经历挫折的时候，把这些时刻说出来，孩子就能得到希望的暗示，就会带着对幸运再度降临的渴望做出努力。一旦孩子的自信心被提升上来，他们就会调动自己的潜能，为克服困难打好基础。

很显然，在引导孩子面对困难时，家长需要给予孩子充分的支持，要时常表扬孩子，给孩子选择的空间与权利，帮助孩子回忆起自己的“高光时刻”，同时要在思想与行动上给孩子提供帮助，让孩子拥有直面困难与挑战的勇气与信心。

敢于承担
——培养孩子的独立性、责任心

案例分析

案例一：父母是孩子最好的行为老师。

五年级的汪强在学校除了学习，对班级其他事情和集体活动都是不管不问的态度，也不主动参与其中，连轮值扫地也是应付了事，因为他的“懒惰”和“极不负责”，同学们都不愿意跟他结伴做事和玩耍，现在与他要好的小伙伴越来越少了。

老师与汪强的父母交流沟通后，双方共同认为，现在这种状况刚刚出现，需要父母与老师以身作则，联手引导，帮助汪强改正缺点。

之后，汪强的父母便着手改变自己的行为方式，在家里不再因为家务互相推诿，而是主动承担家务，并让汪强帮忙做些力所能及的事情。他们也开始关注孩子的积极性、独立性和责任心培养问题，同时做出正确的引导，为孩子树立了良好的行为榜样。

持续了一段时间后，老师告诉他们汪强的积极性、独立性和责任心都有了很大的进步，也有同学愿意与汪强做朋友了。

案例二：溺爱导致无爱。

小李夫妇因为生活在农村，家境不好，所以有了儿子小杰以后，就想尽一切办法把最好的给小杰。小杰爱吃的东西经常出现在餐桌上；小杰看上的衣服、鞋子，再贵也要买；小杰不想做的事就不让他做。小李夫妇的口头禅就是：“再苦，不能苦孩子！再也不能让孩子重复我们的童年！”久而久之，他们发现五年级的小杰已经变得每天只知道顾自己，以自我为中心，做什么事都要他们夫妇俩陪同，不顾及别人的感受，更不懂得体贴爸爸、妈妈，这让小李夫妇非常头疼。

从上述的案例中不难看出，孩子之所以出现以自我为中心，没有独立性、责任心的缺点，大多源于家长不恰当的教育方式。造成这些缺点的原因主要有以下几个方面。

1. 重智轻德导致孩子问题多。

很多家长要求孩子“两耳不闻窗外事，一心只读教科书”，对孩子智育方面的关注大大超过德育方面。久而久之，孩子在德育方面就容易出现问题，从而缺少了该有的责任心。

2. 溺爱致使孩子内心无爱。

现在的很多孩子都是独生子女，他们从出生的那天起，就把全家的目光都吸引过来了。全家人视其为掌上明珠，真可谓“捧在手里怕摔着，含在嘴里怕化了”。孩子在这种溺爱的环境中长大，容易形成以自我为中心、缺乏责任感、只知道接受爱而不懂得付出爱的性格。孩子内心没有爱，就无法去爱他人。

3. 用自己的行动抵消了言语教育。

有些家长在言语上要求孩子体谅父母，孝顺长辈，而在实际行动中却没有严格要求孩子，如经常教育孩子体谅家长不易，却对孩子的成长需求不上心、不用心。实际上部分家长自己有时候也是说一套做一套，让孩子失去了成长道路上的重要榜样。

4. 忽视了从点滴小事培养孩子的担当意识。

家长要教育孩子有担当，必须从大处着眼，小处着手，长期培养，点滴做起。只有这样，孩子才能在家庭生活中逐步养成独立的性格，进而成为有责任心的青少年。在案例一中，汪强的父母让孩子除学习之外不插手任何家务活，“一屋不扫何以扫天下”，培养孩子的担当意识就成了一句空话。

孩子的性格与不良习惯大多与家长的教育方式有关，想要培养孩子的独立性和责任心，家长要以身作则，为孩子树立良好的榜样。

了解孩子

独立性和责任心作为人格特征之一，不是与生俱来或自然形成的，它是通过主观努力和接受教育才能获得的。对五年级的孩子来说，父母的教育观念与行为对他们责任感的培养有着至关重要的作用。因此，家长必须明确五年级的孩子在责任担当意识方面的主要特点。

一、容易在父母的溺爱中淡化。

五年级的孩子在生活中享受着父母的爱护，在家里得到长辈的悉心照顾，是家庭生活的中心。在这种情况下，孩子势必会以自我为中心，只知道索取，而不懂得关心他人和主动付出。长此以往，孩子就容易形成自私、霸道的性格。

二、需要依靠父母的榜样力量建立。

孩子的担当意识主要是通过模仿和他人潜移默化的引导而形成的，是一个由外而内的发展升华过程。在这一过程中，家庭、学校和社会都是不可缺少的培养基地。父母是最直接的责任担当传播者，孩子要从父母的言行举止中习得独立性与责任心，因此，父母要严于律己，率先示范对事情的态度。孩子会将父母的行为与态度看在眼里，记在心里。久而久之，这种无声的教育就会逐渐在孩子心灵中产生深刻的影响，孩子也会慢慢形成责任担当的品质。

三、在反复实践中形成。

孩子是在体验中长大的，责任感只有在反复的实践中才能逐步形成，因此家长要给机会，让孩子对家庭、父母、家人承担一些责任。生活中，家长要敢于对孩子委以“重任”，让孩子感到自己在家庭中的重要性。别总是认为孩子还很小，做不了，做不好，每一个小的地方家长都不应放过，而且要有意识地锻炼孩子，让孩子学着负责任，只有多为孩子提供实践的机会，孩子才能逐渐增强责任意识，才会得到宝贵的心理体验。当这样的心理体验不断增多时，孩子的责任意识自然也会得到强化。

责任感不是与生俱来的，而是在适宜的条件和环境下萌发的，并随着年龄的增长和心智的成熟逐步形成。因此，我们可以说家庭是孩子责任感生长的土壤，家长对待孩子的态度以及教育孩子的方法是孩子责任感形成的重要影响因素。为此，父母必须高度重视在家庭教育中对孩子责任意识的培养，让孩子从小做起，从小事做起，为孩子营造有责任感的成长氛围，从而在潜移默化中引导孩子成为具有高度责任感的新时代好少年。

好的家庭教育注重培养孩子的责任担当意识，让孩子在家庭、集体生活中学会独立完成自己应该完成的事情。接下来，让我们一起来听听五年级孩子的心声吧！

1. 爸爸妈妈，我要怎么做你们才能满意呢?

爸爸妈妈心情好时，总把我当小孩子，什么都不让我干；心情不好时，就埋怨我不懂事，什么都不会干。我实在不知该如何做，才能令爸爸妈妈满意。

2. 我想和同学们一起参加活动。

班里组织同学周末自愿参加学雷锋清扫街道活动，可是爸爸妈妈却说周末我要复习功课，不准去。再这样下去，班里都没有人愿意做我的小伙伴了。

3. 多关心一下爷爷，可以吗？

老师告诉我们“百善孝为先”，要我们平时多关心爸爸妈妈。可是上次住在农村的爷爷说希望爸爸和我能常回去看看他们。其实我很想去，但是爸爸一年也没回去超过两次，电话也很少打。希望爸爸妈妈多多关心农村的爷爷，为我做出表率。

由此，我们不难看出，五年级的孩子在承担责任方面有很多自己的认知。作为家长，我们应该主动以身作则，站在孩子的角度看问题，深入地理解孩子的想法，并努力创造一切可能的条件培养孩子的独立性与责任心，帮助他们养成敢于承担的习惯。

实施指南

家庭是孩子责任感赖以生长的土壤，家长对孩子的态度以及教育方式，是孩子责任感形成的重要因素，父母必须高度重视。责任感不是一蹴而就的，而是在日常的小事中逐渐培养起来的。在日常生活中，家长可以尝试使用以下几个策略培养孩子的独立性与责任心。

◆ 策略一：收起溺爱，给孩子创造承担责任的机会。

生活中，父母要敢于对孩子委以“重任”，让孩子感受到自己在家中的重要性，引导孩子主动完成力所能及的事，如适时让孩子承担一部分家务、学着照顾家里的长辈等。心理学研究表明：积极参加家务的孩子，责任心明显强于其他孩子。因为在做家务后，孩子会感受到自己是家里的一分子，并且逐渐懂得主动为这个家出点力。一个能对家庭负责的孩子在未来自然也能对集体负责、对社会负责、对国家负责。因此，作为家长，我们要主动收起对孩子的溺爱，让孩子在独立处理问题的过程中不断增强自己的责任和担当意识。

◆ 策略二：不要让孩子为逃避责任找借口。

生活中，我们常常见到这样的画面：孩子脑门碰到了桌角，坐在地上哭。这时候，妈妈就跑过来问孩子为什么哭。孩子说："额头碰到桌角了……"话还没说完，妈妈就会使劲拍打桌子说："谁让你撞我家孩子了！"在这样的情况下，孩子会主观地认为不是自己的问题，而是桌子的问题，渐渐就学会了逃避甚至推卸责任。长大以后，当遇到考试成绩不理想时，孩子就会说："这不是我的错，都是因为题目太难了。"孩子之所以会找借口，主要是因为受到父母日常错误的言行示范的影响。

然而，在事实面前，借口不堪一击，孩子在寻找借口的同时也丢失了责任心。责任心是一个人成长路上必不可少的品质，更是当今人才选择的一项重要指标。因此，加强对孩子责任心的培养会对孩子未来的生活与发展有重要的帮助。

◆ 策略三：在勤俭节约中培养孩子的责任感。

在家庭教育的过程中，父母应该主动为五年级的孩子做好勤俭节约的表率，培养孩子的节俭品质。在实际生活中，家长可以给孩子创造以劳动换取报酬的机会，让孩子体验赚钱的辛苦，并从中感受到收获的快乐。此外，家长还应注重引导孩子养成随手关灯、人走水停、不浪费一张纸一粒粮的好习惯，让孩子在成长过程中积极发扬勤俭节约、艰苦奋斗的良好作风。

◆ 策略四：在细微之处培养孩子的爱心。

随着孩子进入五年级，父母可以让孩子养一盆自己喜欢的绿植，让孩子了解自己所养绿植的属性、喜好等，同时叮嘱孩子在精心养护的过程中做好绿植的成长记录，这样可以让孩子在“一花一生命、一花一世界”中变得更有爱心。当然，家长也可以带领孩子养小金鱼等小动物，或者定期做公益活动。事实证明，这种教育方式有利于培养孩子的爱心，能够促使孩子形成健康的人格。

◆ 策略五：让孩子在挫折中学会承担。

在日常生活中，我们经常会看到这样的一幕：孩子“玻璃心”，动不动就哭；不符合自己意愿的时候就会发脾气；遇到难题就会打退堂鼓，想放弃……五年级的孩子正处于成长的重要过渡阶段，想要逃避一些责任也是正常的，因为许多时候他们还不能清楚地认识和理解责任的内涵、重要性等。为了培养孩子的责任感，家长可以适当地尝试让孩子承担办事情不负责任的后果，教孩子如何面对并接受失败，并且及时从中吸取教训，从而获得成长。比如，当孩子在学校因违规受罚时，家长一定要支持老师的做法，而不要想方设法替孩子解围或辩解。

每个人的责任感都是在适宜的条件和环境下萌发的，并随着年龄的增长和心智的成熟而逐渐增强。在日常生活中，家长应该鼓励孩子从日常的点滴做起，敢作敢当，让孩子在成长中不断强化自己的责任意识。此外，家长也不能代替孩子承担一切，要鼓励孩子勇于承担自己独立行为的结果，也不能让孩子为逃避责任而找借口。只有这样，孩子才能在日常生活和学习中不断培养自己的责任感。

其实，责任是一种不可或缺的使命，是每个生命纵深发展的价值体现。责任感对每一个人来说都是极其重要的。因此，在家庭教育过程中，家长须重视对孩子责任感的培养。

善于作为

——明辨是非，有所为有所不为

案例分析

有一天，我接到王芳爸爸的电话，他发现王芳书包里多了一支多媒体设备的翻页笔，猜测应该是班级的物品，他坚持让孩子自己拿来归还。当天下午，王芳来到我办公室归还了翻页笔，并就不问自取的行为和我道歉，我暗暗钦佩孩子爸爸的细心，及时让孩子知道拿班级的东西是不对的，告诉孩子要承认错误并改正错误。

不久之后，我在朋友圈看到王芳家长发了一则关于钱包的失物招领，经过了解，得知钱包是王芳捡到的，她一直等到晚上，都没有等到人来找钱包。晚上外出办事回来的父母回到家，就在微信朋友圈发了这个信息。可是，等了很久都没人回应，王芳爸爸只好将钱包拿到派出所交给警察。不久后，失主打来感谢电话，感谢王芳拾金不昧，感谢他们一家人助人为乐的好心。

发生在王芳家的这两件事，我不得不感叹：良好的家风，是孩子成长的沃土。家长的言传身教，让孩子拥有一个充满智慧的大脑。后来的王芳更让我刮目相看。有一天，东东和小炜两位同学因不小心互撞了一下，吵了起来差点动手。事后，东东想让他的“干哥哥”“干姐姐”在校外“教训”小炜，而王芳是一个很讲义气的孩子，平时和东东比较要好，但这次她没有和东东站在一起，而是及时制止了这场打架的发生，并很好地解决了这场矛盾。

从上述案例看，不少家长应该也有过类似经历。为什么王芳能拾金不昧，能明辨是非，知道自己所作所为是否正确？其实，这与她的父母给她的引导和榜样作用是分不开的。在教会孩子明辨是非、善于作为的问题上，家长们大多有以下几种表现：面对孩子“不问自取”，有的家长极为敏感，好像是孩子犯了天大的错误，认为孩子就是存在偷摸行为，于是，严加审问严厉处罚；有的家长则满不在乎，根本不把孩子拿别人的物品当成一回事，认为孩子年龄还小，偶尔拿别人的东西没什么大惊小怪的，不做任何处理；有的家长则是怪罪别人不管好自己的商品和物品，被自家孩子偷是活该，自家孩子能干，可以神不知鬼不觉地拿到东西；有的家长甚至认为拾金不昧太傻了，捡到的就是自己的；而有的家长觉得孩子能有拾金不昧的品质特别值得表扬和肯定。

为什么家长会有不同的看法呢？除受教育程度不一、性格不一、家风不一之外，更重要的是有的家长在孩子遇到超出自己认知水平的事情时，不能及时给予孩子正向的指导。接下来，让我们一起来看看面对这种问题的正确做法吧！

1. 要正视孩子成长中出现的问题。

家长着急、痛心、焦虑，都是关爱孩子、对孩子负责的表现。但是面对孩子出现的问题，家长不能逃避，而要正视孩子的问题，主动帮助孩子及时解决问题。

2. 遇事要冷静、理性思考。

家长在遇到问题时要想清楚如何与孩子沟通，要做到既能把危害讲清楚，又不伤害孩子自尊心；既要让孩子明辨行为的善恶，又要学会用辩证的方式看待问题。

3. 对孩子的发展要有正确的判断。

有的家长在孩子拿了别人的东西后，认为孩子的行为是“偷”，以成人的心理判断孩子的行为是“故意”的，但孩子这时的行为往往是“无意识”的。而且当经过家长提醒后，孩子还不能改掉自身的毛病时，家长就会将其判断为“劣性难改”。如果家长想通过一次教育就能纠正孩子的行为，那么教育不就太简单了吗？因此，作为家长，我们只有对孩子的心理成熟水平做出正确的判断，才能真正站在孩子的角度理解孩子的行为，并且及时协助孩子解决问题。

4. 帮助孩子树立正确是非观。

作为家长，我们要十分重视孩子早期的“拿”“偷”等行为，并采取科学的方法给予孩子及时的教育与指导，帮助孩子树立正确的是非观。只有这样，当遇到诸如校园欺凌之类的严重事件时，孩子才能更加理智而独立地应对，从而避免让自己受到不必要的伤害。

童年是培养孩子“有所不为”的阶段，让孩子明白哪些事情是可以做的、哪些事是不可以做的，这比能做多少事更重要。人应当“有所为，有所不为”，所为者宜乎义理，所不为者乃天地所不容。坚持有所不为，该做的事毫不犹豫地完成，不该做的事坚决不做。这些都是每一个家长需要在家庭教育中向孩子传达的品质和作风。

了解孩子

遇事时，不同年龄段的孩子会表现出不同的应对行为。作为家长，我们只有从科学的角度了解孩子的行为目的，才能有的放矢地帮助和引导孩子。为了更全面地了解孩子，家长要明确孩子在这个阶段的主要特点。这主要体现在以下几个方面。

一、思想逐渐成熟，有独立思考意识，但易受影响。

五年级的孩子开始进入少年期，从幼稚趋向成熟，从依赖趋向独立。他们开始关注社会，并形成自己的见解，但易被影响；面对学校和社会的信息开始选择性接受，独立思考，自尊心和自主性进一步增强，但仍缺乏自我约束力；他们想摆脱外部控制，便逐渐以内化的行为准则来监督、调节、控制自己的行为。当孩子拾金不昧时，如果没有得到家长的鼓励和肯定，孩子就会疑惑这样的行为到底是对还是错。在意外获得的物品和家长的肯定表扬之间，孩子需要得到其中一项，即物质的满足或精神的满足。

二、年龄尚小，是非判断能力不强。

在自我需求和道德规范发生冲突时，五年级的孩子依然会摇摆不定，会有思想斗争，会给自己找理由。有些孩子看见同学那里有自己喜欢的物品就悄悄地拿走，他们的内心用意是很单纯的，知道拿别人的东西是不对的，但是没有考虑到严重的后果，就是自己喜欢，想拿就拿了。有些孩子大大咧咧，随手乱丢东西，一些孩子以为没有人要，就拿走了，还大模大样地在班级上使用。这些孩子认为，不知道是谁的、没人要的东西，我拿来用就是废物利用。这就是孩子是非判断能力不强的表现。

三、自我控制能力弱，容易重复犯错。

五年级的孩子开始有独立意识，对新奇的事物充满好奇却缺乏明辨是非的能力，所以自控能力差。随着年龄的增长，加之老师和家长引导和教育，有些孩子知道拿别人的物品是不对的，他们知道后果很严重，会受到同学的冷眼，会受到老师的批评，甚至会受到家长的责骂，可还是控制不住一次又一次犯同样的错误。

面对孩子的这些成长特点，如果家长采取的处理方法过于简单，只是一味地说教、训斥或者机械地让孩子自行反省，这不仅不会使孩子真正地认识到事情的本质，反而会给日后留下隐患。

其实，孩子总是渴望被理解、被信任、被肯定的。他们都希望自己能有担当、能被信任。接下来，让我们一起来听听孩子内心的声音吧！

1. 爸爸妈妈可以多关注我吗?

我希望爸爸妈妈多关注我。我第一次拿别人的物品时，爸爸妈妈并没有发现。慢慢地，只要是我喜欢的东西，都会“不问自取”。我觉得自己占到便宜了，心里便沾沾自喜，有一种不劳而获的喜悦。这种错误行为持续很久，我这样做明明是不对的，可爸爸妈妈都没有发现，到底是他们都不关注我，还是知道了不理我呢?

2. 我是该听妈妈的，还是听老师的呢?

老师和妈妈讲的，我该听谁的?在学校，老师教育我们要做拾金不昧、光明磊落、与人为善的人，但是有一次，我劝阻了一起同学欺凌事件，妈妈知道后批评了我，说我多管闲事，万一因为劝阻别人自己受伤了怎么办，万一惹人记恨怎么办……嘱咐我以后事不关己高高挂起。我到底是应该听老师的，敢作敢为，还是听妈妈的，视而不见呢?

3. 我长大要做个君子。

在爸爸的陪伴下，我从小就诵读中华经典诗文，《孟子》里有这样一句：“人有不为也，而后可以有为。”意思是君子为人处世有自己的原则，该做的事就去做，不该做的事绝不做。自己不想去做的，也不要强加于别人做。有所为，有所不为，是一个人的原则；有所不为，而后有所为，是一个人的修行。简而言之：做该做的，不做不该做的!

由此，我们发现五年级的孩子已经有了独立思考的意识，但仍需要家长的正确引导，才能从迷惑、彷徨中走出来。只有这样，孩子才会在成长的过程中逐渐形成正确的是非观，从而不断促进自己的成长。

实施指南

在陪伴孩子成长的过程中，父母发现孩子面对问题感到迷惘、不知所措的时候，往往就是家庭教育发挥效用的良好契机。在现实生活中，家长可以尝试从以下几个方面教导孩子明辨是非。

◆ 策略一：引导孩子归还“拿来”的物品。

家长要观察孩子的日常生活变化，尤其当发现孩子突然拥有一些超出财力范围的物品时更要着重关注。比如，家长可以找一个周末，和孩子做一次家庭大扫除，共同归置家中的物品，同时抱着好奇的心态，和孩子聊聊他们这个年龄段感兴趣的小物件，巧妙地询问物品的来历。这时候，家长可以不刨根问底，但是要和孩子讲明一个原则，“不问自取”是种恶习。此外，家长还要把这些话告诉孩子：①如果只是因为好奇和喜欢而拿回来，那么暂且可以称之为“保管”；②如果是和同伴交换闲置物品，那则是在积极弘扬厉行节约的中华民族传统美德。作为家长，我们可以主动让孩子有独立思考的时间，给孩子自主明辨是非的空间，然后给孩子一个小篮子，让孩子把不属于自己的东西装在篮子里，限期一一归还，并教会孩子在归还物品时主动说明情况。

通过把“偷”换成“保管”，家长既维护了孩子的自尊心，又能让孩子明辨是与非、善与恶，从而愿意归还物品。事后，家长还应该和孩子说清楚他犯的错误会给别人和自己带来的很多麻烦，郑重地提醒孩子在未来坚决不做危害他人和自己的事。当然，家长也应该适度满足孩子的物质需求，在力所能及的情况下满足孩子内心的欲望，从而增强孩子不随意取用他人物品的意识。

◆ **策略二：父母要言传身教，发挥模范的作用。**

通常来说，孩子的模仿能力是极强的，而父母天天和孩子生活在一起，孩子对父母的依赖更强，对父母的信任也更深。因此，父母就成为孩子喜欢并且经常学习、模仿的对象。也正是因为如此，父母应该加强对自身行为的管理，给孩子树立一个正面的学习榜样。

当然，父母还可以给孩子收集和分享与这方面有关的事例、故事等。与此同时，父母也一定不能有小偷小摸等不良行为。俗语说："上梁不正下梁歪""种豆得豆，种瓜得瓜"。我们是什么样的父母，孩子就会在我们的影响下变成什么样。比如，在商场里，一个孩子用纸巾擦鼻涕，擦完后随手把用完的纸巾扔在地上。妈妈看见了问孩子："你怎么能把用完的纸巾直接扔地上呢？多不卫生啊！"孩子回答："我没有看到垃圾桶。"于是，这位妈妈告诉孩子这样的行为是不对的，同时教育孩子应该捡起纸巾并扔进垃圾桶。

正如我们所熟知的那样，父母的一言一行会在不知不觉中印在孩子的脑海里，并且影响孩子的行为举止，以及孩子的选择、人生道路的走向。

◆ **策略三：适度满足孩子的合理需求。**

随着生活水平的提高，家长往往会过度满足孩子的需求，从而使孩子形成一种思维习惯：我想要就能有，我想要就得有。如果需求得不到满足，那么孩子就会出现"强占"或"私拿"的情况，这是孩子的思维惯性。因此，在面对孩子的需求时，家长不能一味地全盘满足，而是可以让孩子通过自身的努力实现心中的某些需求。此外，家长平时应该尽可能多地关注、询问孩子的思想动态，顺势引导，而不是单一地满足孩子的任何要求，这样既能及时弱化孩子的占有欲望，也能让孩子在适度的满足中学会自我克制。

◆ 策略四：及时了解孩子，让孩子乐于交流。

作为家长，我们平时可以多跟孩子沟通，及时了解孩子的想法。当孩子出现不良的行为时，我们需要保持一种冷静的态度，引导孩子主动表达自己的想法，切忌暴跳如雷地训斥，更不能用暴力处理孩子的问题。心平气和但态度坚决才会帮助孩子真正认识自身的错误行为，并主动在家长的引导下及时解决问题。

一般来说，“明天你一定要还回去”“如果你再不还，我会帮你去还，那样你愿意吗?”这样的话语会严重伤害孩子的自尊心。进入五年级，孩子已具有较强的自尊心，他们会考虑自己的面子，会在乎别人的看法。作为家长，我们可以先跟失主沟通，清楚地说明情况，并请求失主的谅解，然后再陪着孩子及时归还物品，同时真诚地表达歉意。无论何时，父母都是孩子坚强的后盾。为了更好地促进孩子的成长，父母时常需要静下心认真倾听孩子的心声，及时了解孩子的苦恼与困惑，用更多的宽容与耐心陪伴孩子走出人生的每一个困境，让孩子获得更快的成长。

延伸拓展

阅读推荐

五年级是孩子责任担当意识形成的重要阶段。为了帮助孩子从小养成独立性与责任心，家长不妨试试通过阅读有关书籍，调整和优化自己在家庭教育实践中的做法。为此，我们挑选了以下书籍，希望家长能从中受到一定的启发。

> >> 1.《中国家书家训》(著者：宸冰；出版单位：辽宁人民出版社)。

理由及建议：本书精选从西汉到现代的家书家训文字，包括父母子女之间的信件往来、夫妻之间的鸿雁传书、充满爱国爱家之情的红色家书以及中华经典家训。通过阅读此书，家长可以了解家书家训背后的故事，也可以将家书家训中的思想活学活用，选取合适的教育理念来教育孩子。此外，家长也可以和孩子共读此书，带领孩子学习中华传统文化。

> >> 2.《父母的态度决定孩子的人生宽度》(编著：李新；出版单位：地震出版社)。

理由及建议：通过全方位观察，本书逐一剖析了影响孩子未来成功的观念与教育理念，帮助家长在千头万绪、五花八门的教育措施中掌握最基本的关键点，帮助孩子从小建立正确的价值观，一步一步走上人生的坦途。通过阅读此书，家长可以收获16个锦囊，尤其可以从第四章和第十二章学会发现孩子潜能、培养孩子兴趣、让孩子在挫折中坚强成长的方法和技巧。

> >> 3.《心理暗示的力量》(编著：陈素绢；出版单位：化学工业出版社)。

理由及建议：本书非常详细地介绍了成就孩子一生的极其重要的100个心理暗示。父母如果掌握了这些教育手段，可以让孩子在不知不觉中获取真知、学会做人。阅读时，家长可以结合其中个案，对应自己家庭的具体情况，尝试用心理暗示的方式鼓励孩子。

评估改进

一、自我评估

您家里的实际情况与下面列出的表现是否相符？若相符，则选“是”；若不相符，则选“否”。

	是	否
① 您是否了解孩子的兴趣爱好？	□	□
② 您是否经常夸奖孩子努力的过程？	□	□
③ 您是否经常和孩子聊天？	□	□
④ 您是否了解孩子目前遇到的困难？	□	□
⑤ 遇到困难时，您的孩子是否主动向您寻求帮助？	□	□
⑥ 您的孩子在学习或生活中遇到挫折时是否有顽强的意志、不懈的毅力？	□	□
⑦ 您的孩子是否对自己喜欢做的事情有持久的兴趣？	□	□
⑧ 您的孩子做事是否积极主动，是否充满信心？	□	□
⑨ 当孩子遇事难以抉择时，您是否能耐心倾听并给予孩子解决问题的建议？	□	□
⑩ 您的孩子是否已经具有正确的是非观？	□	□

【评估参考】

在上述测试中，若选“是”，得2分；若选“否”，得1分。所得的分值越低，说明您越需要在家庭教育中花费更多的时间和精力，并结合孩子的特点，有针对性地引导孩子在成长过程中形成勇于挑战、直面困难的品质。

二、改进计划

亲爱的家长，您好！阅读本专题后，您应该对如何培养有担当的孩子有了更深刻的认识。下面请您结合实际，写出自己的改进计划，并逐步完成。

第二专题　让孩子成为能管理自己的主人

经过一到四年级的培养，孩子已经初步养成独立思考、积极参与、自律慎行的好习惯。进入五年级，孩子开始步入少年期，身心的发展逐渐由幼稚趋向成熟，由依赖趋向独立，处在半幼稚、半成熟交错的矛盾时期。这个阶段，孩子会出现以下特点：对自主性的要求日趋强烈，但仍缺乏自我约束的能力；能认识和掌握一定的道理，开始关注社会现象；有独立见解，但极易受外界影响；既已养成的行为习惯日趋稳定，但对新提出的行为要求则容易知行脱节。

因此，在家庭教育的过程中，家长们需要根据孩子在五年级的心理特征，一方面，着重培养孩子遵守公德的习惯、增强孩子的社会担当意识；另一方面，培养孩子珍惜时间的习惯，克服拖沓的行为，教育孩子做到“今日事今日毕”；同时，培养孩子坚持运动的习惯，感受运动带来的快乐，并在运动中不断磨炼孩子的意志。

在引导孩子养成这些良好行为习惯的过程中，孩子难免会出现知行脱节的现象。为此，家长们须遵循五年级孩子的成长规律和特点，掌握正确的方法，对孩子进行科学的指导，让孩子的行为习惯朝着良好的方向发展。

遵守公德

——做守法的小公民，养成担当的意识

案例分析

陈放是一个五年级的孩子。平时父母对他要求很严格，总是要求他学习，很少让他参加娱乐活动。有一天，陈放和爸爸在放学回家的路上经过了一家小商店。看着店里精致的玩具赛车，陈放十分喜欢，于是就鼓起勇气向爸爸提出购买玩具赛车的想法。听完陈放的话后，爸爸的脸色马上阴沉了起来，并且大声训斥陈放。爸爸的态度让陈放有些不服气。“你们不帮我买，我自己想办法！”陈放自言自语。

过了不久，趁着同学们都到操场上进行体育训练，陈放以上洗手间为借口悄悄回到教室，从同班同学的书包里找到了二十多元钱。因为担心被老师和同学发现，陈放把找到的钞票夹在图书角的一本书里，然后跑向了洗手间，之后再回到操场继续跟同学们做体育运动。

两天过后，陈放发现老师和同学都没有任何动静，就在放学后偷偷从图书角的书里拿出之前的钱，并兴奋地跑到商店里购买那辆心心念念的玩具赛车。回到家后，陈放看到爸爸、妈妈还没回家，于是就开始专心地玩起了他的赛车。由于玩得太入迷，爸爸下班回到家，陈放都没有发觉。这一幕恰巧被爸爸看到了。爸爸气得直接用力把玩具赛车摔在了地上。赛车散架了，陈放也哭了。

为了弄清楚事情的来龙去脉，爸爸气势汹汹地问陈放：“你从哪里弄了这么多钱买玩具赛车？”陈放迟疑了一下，支支吾吾地说：“这个玩具车是同学借给我玩的。”随后，陈放又改口说：“爷爷给我钱买的。”看见陈放前言不搭后语，爸爸再次对陈放说：“你再不老实交代，我就对你进行严厉惩罚。”迫于无奈，陈放最终向爸爸主动承认说：“其实我偷偷拿了班里同学的二十多元钱。”

知道真相后，陈放的爸爸觉得陈放真是无可救药了，于是非常生气地骂道："你小小年纪竟然学会了偷！我怎么会有你这样的儿子。"说完后，陈放的爸爸无奈地坐在客厅的椅子上，默默地流下了眼泪。而此时，陈放深知自己犯了错，也早已哭成了泪人。

经过对案例进行分析，我们不难看出陈放及陈放爸爸的行为表现在现实生活中确实具有一定的代表性。陈放之所以会做出这种行为，主要是受到以下几个方面因素的影响。

1. 父母没有及时更新教育观念。

随着时代的进步，五年级的孩子对自己的生活也有了更多的需求。尽管学习依然是五年级孩子最应该做的事，但并不是孩子生活的全部内容。适当的娱乐在孩子的成长过程中是必不可少的，并会对孩子的学习起到一定的促进作用。毕竟劳逸结合才是有效学习的重要保障。

然而，在案例中，陈放的爸爸并没有及时更新教育观念，一味地要求孩子学习，严厉地拒绝了孩子的诉求，剥夺了孩子享受娱乐的权利，直接造成孩子为了满足心里的欲望而出现偷窃的不良行为，这必须引起家长们的重视与反思。

2. 缺乏对孩子的正确引导。

五年级的孩子开始进入少年期，处于拔节生长、自我追求加速发展的阶段。他们从依赖变得半独立、半成熟，而且随着自我意识的崛起，对事物也有自己的观点和看法，但仍然较为主观且片面。然而，在现实生活中，有些父母往往会像案例中陈放的爸爸一样，简单粗暴地用呵斥回应孩子提出的物质上的需求，使得孩子无奈之下选择通过偷窃满足自己的欲望，这对孩子的健康成长产生了极为不利的影响。

其实，作为家长，当孩子向我们提出物质上的需求时，我们尽管可以选择不直接答应孩子的请求，但是应该主动引导孩子通过劳动获取正当的报酬（如自行收集废旧物品，拿到回收站换取金钱），从而满足自己的需求，让孩子逐渐懂得"君子爱财，取之有道"的道理，帮助孩子养成良好的人格品质，从而自觉遵守社会的规则。

3. 没有教会孩子基本的法律常识。

进入五年级，孩子虽然有了一定的主见，但还不能正确地分辨是非、黑白。有的孩子会像案例中的陈放一样不由自主地偷拿他人物品，而且不以为意。其实，在法律上，在未取得他人同意的前提下私自将他人的物品占为己有，这在某种程度上已属于违法行为的范畴。在上述案例中，陈放的爸爸没有在日常的教育中给孩子传授基本的法律知识，以致陈放出现了通过偷窃的方式满足自己私欲的错误行为，这是极不可取的。

因此，作为家长，我们在对孩子进行教育时，不仅要注重孩子科学知识的学习，而且要主动教会孩子基本的法律常识，认真给孩子讲解“不问自取视为‘偷’”的含义，从而让孩子在日常生活中规行矩步，自觉遵守社会公德和相关法律法规。

随着社会的不断发展，家长的教育观念也应该与时俱进，不应该用“万般皆下品，唯有读书高”的固有观念让孩子成为学习的“奴隶”，而应该认真分析孩子的成长特点，主动转变教育观念，适时满足孩子的合理需求，并在行为准则和选择上给予孩子正确的引导，用科学的方法帮助孩子分清是与非、黑与白、善与恶，避免孩子出现违反社会公德，甚至违法犯罪的行为。

了解孩子

相关研究结果表明，对10岁及以下的孩子来说，价值观念仍然模糊不清，孩子容易以自我为中心。进入五年级，孩子大多10岁以上的年龄。在这个阶段，孩子的公德意识和法律意识一般比较淡薄，容易出现有如偷拿他人物品的行为，不自觉地就违反了社会公德，甚至会触犯法律。因此，在每一个孩子的成长过程中，家长需要充分发挥家庭、社会和学校对孩子的教育作用，帮助孩子塑造讲公德、守法纪的品格。

当然，孩子在成长的过程中所表现出来的行为习惯，并不是与生俱来、自然形成的，一般都有其形成的主观和客观因素。经过分析，我们发现孩子对社会公德的认识主要有以下几个特点。

一、未能分清“拿”与“偷”的概念和界限。

由于心智还不够成熟，五年级的孩子还不能理解“物品所有权”这个概念。因为在家里时，孩子可以随意拿家里的物品，所以习惯性地以自我为中心。此外，这个阶段的孩子还不能清晰地明白什么叫“拿”、什么叫“偷”，也无法正确地判断自己的行为是否跨越了“拿”与“偷”的界限，这使得孩子还不能分辨“拿”与“偷”在概念上的不同之处。因此，当家长无法满足孩子的正当需求时，孩子会不自觉地出现偷拿他人物品的行为，以实现自己的欲望，却不知道自己的行为已经违反了社会公德，有时甚至构成了犯罪。

二、具有强烈的占有欲。

通常来说，五年级孩子的思想依然比较单纯，对新鲜事物充满好奇，同时也有较强的占有欲和控制欲，尤其在面对自己没有吃过的食品或者没有玩过的物品时，孩子大多都想获得。在强烈的私欲驱使下，孩子可能会悄悄地将别人的物品占为己有。而此时，孩子对道德和法律的意识还很薄弱，他们并不知道或不认为拿走别人东西是一件不道德、不正确的事。

三、心理需求多，渴望得到关注和认可。

五年级的孩子在成长期通常会有很多的心理需求，尤其希望得到父母、老师或同伴的关注。有些时候，孩子往往选择通过犯错来引起他人的关注。为了得到同龄人的认可，有的孩子甚至会在同伴面前炫耀自己偷来的东西，以证明自己的勇敢，这很明显是不对的。但是孩子还没意识到自己的行为已经违反了社会公德的准则和要求。

四、容易受到家庭环境的影响。

在大多数家长眼中，孩子就是一切。面对孩子提出的需求，有的家长会想方设法地满足，甚至会主动把家里人的物品拿给孩子。在这样的溺爱环境下成长，孩子不仅强化了自己的占有欲心理，而且渐渐也无法分辨哪些物品属于自己，哪些属于他人，从而无法完全理解“拿”与“偷”的概念，并错误地认为自己喜欢的就是自己的，没有认识到“偷窃”是一种错误行为。除此之外，家长时常对孩子的需求漠不关心、置之不理，同样也会导致孩子因长期得不到认同和满足而出现偷窃的不良行为。可见，家庭的教养方式对孩子的行为习惯养成具有重要的影响。

对五年级的孩子来说，他们的道德和法律意识仍然比较模糊，心态也不稳定，容易受到个人、家庭以及社会的影响。因此，作为家长，我们要主动了解孩子的成长特点，适时倾听孩子内心的声音，从而有目的地引导和帮助孩子树立正确的价值观念。

1. 除了学习，我也需要玩耍呀！

我知道爸爸妈妈要求我学习是为了我好，但学习不应该占据我全部的时间。在学习之余，我希望爸爸妈妈也能满足我玩耍的需求，有时我只是想要一辆小小的玩具车，为什么这都会让爸爸妈妈生气呢？

2. 为什么爸爸可以拿不属于自己的东西，我却不行？

在买东西时，爸爸经常会把超市里免费提供的包装袋拿回家用，并对我说这样可以省钱。那么，当我的橡皮用完了，我怎么就不能拿同学的橡皮呢？我这样也是在省钱呀！为什么大人能做的，小孩却不能做呢？

3. 给我应有的关爱和陪伴，可以吗？

在我很小的时候，爸爸妈妈就离婚了，也各自组成了新的家庭。只有在我生病或者犯错的时候，爸爸妈妈才会想起我。尽管我并不喜欢小明的赛车，但只要我拿了小明的赛车，老师就会叫爸爸妈妈到学校来，这样我就又能见到他们啦。

由于身心发展尚未成熟，孩子还不能理解什么才是“偷窃”，有时候孩子偷拿他人的物品也并不是在作恶，甚至他们并不知道自己做的是一件错事。因此，作为家长，在家庭教育的过程中，我们需要时刻以身作则，为孩子树立遵守社会公德的榜样，同时主动分析孩子的成长特点和身心发展规律，密切关注孩子内心的想法，引导孩子正确认识道德和法律，不断增强孩子的规则意识，让孩子成为讲道德、有规矩的人。

实施指南

当孩子出现偷拿他人东西的不良行为时，不论物品价值是多还是少，家长都应给予十足的重视。这时候，家长要耐心地教导孩子，让孩子明白这种行为是不被允许的，并使用科学的方法，教会孩子基本的社会公德准则和法律知识，帮助孩子改掉“偷窃”的毛病。为了帮助孩子养成良好的人格品质，家长可以尝试采取以下行动策略。

◆ 策略一：帮助孩子树立正确的物权观。

在日常生活中，家长应该有意识地逐步向孩子传达物品所有权的思想，主动告诉孩子什么东西是自己的，什么东西是别人的，积极地引导孩子理解“别人的东西不可以随便碰，更不可以随便拿走”的道理，并教给孩子相关的社会公德内容，让孩子在少年期就能清晰地认识到偷拿别人的东西是一种不好的行为，从而帮助孩子树立正确的物权观，并自觉遵守社会行为准则和相关规定，做到正身律己。

◆ 策略二：密切关注孩子的成长，适时跟踪辅导教育。

在给孩子进行辅导教育时，家长既要细心，也要耐心。当孩子出现偷窃行为时，家长不应该急于训导，或者谩骂、斥责，而应该主动分析孩子行为背后的原因，与孩子沟通他心里的想法，然后根据孩子的认知能力有效地指导孩子及时纠正偷窃的错误行为。

当然，在与孩子的交流中，家长对孩子的教育方法也要符合孩子心理发展的规律。通常来说，家长首先应该倾听孩子的心声，站在孩子的角度思考和分析孩子的行为，而不应该主观臆断或粗暴对待，以免伤害孩子的自尊心，对孩子的后续发展造成不可逆转的影响。

在处理孩子偷窃的事件时，家长要耐心地向孩子了解具体的情况，然后再通过身边的事例或案例给予孩子及时、正确的教育，让孩子认识到自己的错误及以后改正的方向，从而真正发挥正向教育对孩子健康成长的促进作用。在解决了孩子在思想认识层面的问题后，家长应该主动陪同孩子及时将偷拿的物品归还给他人，并鼓励孩子认真且诚挚地向他人道歉，让孩子在主动归还物品的实践中受到正确的教育，增强孩子自觉遵守社会公德的意识。

◆ 策略三：坚持正面教育，营造良好的育人环境。

在实际生活中，尽管孩子曾经出现过偷窃行为，但是家长也应该多一些包容心，客观看待和理解孩子的行为，并主动照顾好孩子的情绪，而不应该主观地给孩子贴标签，同时还要避免使用“小偷”这类词语定义孩子，不让孩子的心灵受到不可挽回的伤害。

其实，在成长过程中，孩子难免会出现各种不良的行为表现。作为家长，我们应该主动寻找机会，营造轻松的情境，与孩子进行一次深入的交谈，帮助孩子正视自己的错误行为，用积极、正面的教育引导孩子及时改掉自己的不良习惯，让孩子在不断的自我完善和提升中形成正确的人生观和价值观。此外，家长的言行举止对孩子的影响也十分重要。作为家长，我们必须言行一致，认真发挥榜样、示范作用，以高尚的品德、充满魅力的人格、规范的行为感染孩子，以“以德服人、以德育人”的思想理念帮助孩子觉醒，提高思想觉悟，改掉偷窃的想法和行为，做一个堂堂正正的好孩子。

◆ 策略四：加强对孩子的道德行为习惯教育。

在实际的家庭教育中，家长可以利用生活中的小案例，让孩子明白“诚实做人、不偷拿他人物品”的重要性，也可以在空余时间主动和孩子交流、谈心，给孩子讲述与社会公德相关的故事，给予孩子正确的引导，让孩子在感悟中受到启发，真正树立“讲道德、有规矩”的思想观念。此外，家长还应该主动安排时间，陪伴孩子参加一些公益捐助活动，让孩子从小就学会关心他人、救助弱小，增强孩子的公德意识。

无论何时，家长都应该多关注孩子的闪光点，让孩子在日常的学习、生活中通过正当的方式，以实际的努力证明自己的能力，不断激发孩子的潜能，帮助孩子从中找到自己的存在感和价值，从而成为能为别人着想、主动遵守社会公德的人。

◆ 策略五：强化孩子的法治观念，增强法律意识。

进入五年级，孩子尽管在各方面仍处于快速变化发展的阶段，但已经具备一定的理解能力。因此，作为家长，我们应该有针对性地引导孩子阅读相关的儿童法治读本，陪伴孩子观看有关法律常识的视频，让孩子在阅读和观影过程中学习相关的法律法规，让孩子懂得哪些行为是违法的，从而在实际生活中自觉严格要求自己。此外，家长还可以主动向孩子讲述和解释《中华人民共和国刑法》《社会治安管理条例》《中华人民共和国未成年人保护法》等基本法律法规，帮助孩子加深对法律的认识，增强孩子的法律意识，让孩子在成长的过程中主动遵守法律，并对违法的行为坚决说“不”。

随着年龄不断增长，五年级的孩子总会遇到各种各样的问题，但无论发生怎样的事情，家长都应该主动和孩子一起面对和承担，并用科学的方式教导孩子，而不应该一味地责骂或抱怨。俗话说：“家长变得越好，孩子变得更好！”为此，家长还应该主动更新自己的育儿观念，认真学习先进的育儿知识，密切关注孩子身心成长的规律和特点，并结合孩子的实际情况，努力做好孩子的表率，同时加强与孩子沟通，适时对孩子进行法制教育。我们相信在家庭、学校和社会的共同努力下，孩子会健康、快乐地成长，成为敢于挑战、勇于承担、善于改变的新时代好少年。

珍惜光阴

——克服磨蹭，坚持今日事今日毕

案例分析

案例一：让家长无奈的磨蹭。

李磊的妈妈是一个做事干净利落、从不拖泥带水的人。可儿子李磊进入五年级后，做事总是达不到她的要求，她真的很想知道儿子为什么会这么做：写个作业磨磨唧唧，一点都不专心，有时还讨价还价，要看电视、玩手机等。星期天晚上10点钟，妈妈还在催促儿子快点儿写作业，可李磊却拿一块小橡皮扔着玩，急得妈妈大吼：“你从6点钟写到现在，用了4个小时都写不完！你到底想怎样？存心气死我是吗？”面对妈妈的吼叫，李磊依然我行我素，将近11点才做完作业。

星期一上班的路上，想着这段时间和儿子之间发生的事情，李磊的妈妈感到无比困惑，儿子那张倔强的小脸不时浮现在她的眼前。看着儿子那略微扬起的下颚，圆睁着的双眼，李磊的妈妈不禁感叹：“他真的是我的儿子吗？怎么一点都不像我？”在与办公室的同事交谈之后，李磊的妈妈发现同事们的孩子也有类似的问题。

这样看来，孩子磨蹭是有原因的。于是，李磊的妈妈自言自语地说："我得想办法帮助儿子解决问题。毕竟孩子要是没有一个好的习惯，将来还有什么发展前途？"

案例二：让孩子学会对自己的行为负责。

为了改掉丽丽做作业拖拉的习惯，父母和丽丽商量每天晚上9：30之前要做完作业。刚开始的时候，丽丽还能遵守约定，但没过多久又经常磨蹭到10点以后才完成作业。因为睡眠时间不够，丽丽第二天早上起床时又磨磨蹭蹭。为此，父母没少催促，却又拿丽丽没办法。后来，父母意识到丽丽如果写不完作业，第二天一定会遭到老师的批评。于是，丽丽的父母便暂停对丽丽的催促，让丽丽承担完不成作业的后果。果然，丽丽因为没完成作业而被老师批评了。受到打击的丽丽开始反思自己的行为，下定决心要按时完成作业，绝对不能再被批评，绝不能再让老师和父母失望。从那之后，丽丽一回到家就开始做作业，不到9点就做完了所有作业，正确率也提高了不少。

案例三：培养孩子时间管理的能力。

小刚的妈妈希望孩子能够自己安排时间，兼顾学习和娱乐。所以规定小刚写完作业就可以做喜欢的事，如看电视节目、看课外书、画画、玩游戏等，在这样的规定下，小刚总能很快写完作业，也克服了磨蹭的不良习惯。以下是他们一起制订的时间表。

a. 回家后先完成课后作业。

b. 吃晚饭。

c. 完成口算练习。

d. 背英语单词，听音频（晚上8：15之前完成）。

e. 做自己感兴趣的事情（前提是不能离开家）。

f. 晚上9点准时上床休息。

按照时间表的要求，小刚要在晚上8点15分前完成所有的作业，这样他就可以有45分钟的自由时间。小刚与妈妈约定，这个时间表先试行一周，如果有问题再加以调整。结果小刚常常在晚上8点前就完成了所有的事情，之后就高高兴兴地做起自己感兴趣的事情。而妈妈再也不用跟在小刚的屁股后面一遍又一遍地提醒。唠叨的妈妈和磨蹭的孩子都不见了。小刚渐渐地感受到独立的自由，同时也学会了用负责任的态度规范自己的行为。妈妈看着儿子把事情做得井然有序，感到从未有过的轻松和成就感。

通过对上述案例进行分析，我们发现现代父母看到孩子慢吞吞没有效率的样子，都会感到生气与着急。有的家长给孩子制订计划，但孩子没坚持多久就又恢复原形了，但有的孩子却能坚持下去。那么怎样才能帮助孩子改掉拖延的坏习惯呢?

1. 主动分析孩子拖延的原因。

现代父母每天面临快节奏的工作和生活，时间普遍安排得很紧凑，因此看到孩子慢吞吞的样子，就气不打一处来，一连声地催促、怒吼。这种叫作“快点 + 纠错”模式，不但没有效果，父母还会越来越累，甚至会影响亲子关系。家长不妨像李磊的妈妈一样，试着冷静下来细细思考孩子拖延的原因。只有找到原因才能对症下药，才能事半功倍地帮助孩子提高效率。

2. 引导孩子自主地承担责任。

家长要尝试区分问题的所有权，写不完作业是孩子的事，他们要对自己的行为负责，放手让孩子承担起应该担负的责任，而不是所有事情都帮孩子做。孩子只有自己承担过后果后，才会明白问题的严重性。家长可以借鉴丽丽父母的做法，让孩子适当地承担责任，接受批评。让孩子自己承担责任也是培养孩子责任感的一种方法，对改掉磨蹭的坏习惯很有效果。

3. 与孩子共同制订时间表。

父母与孩子共同讨论事情的解决方案，鼓励孩子自己做决定。像小刚的家长一样让孩子有选择的机会，但是选定方案后要按时执行，具体的时间可以根据实际情况进行调整，允诺孩子完成规定的事情后，可以去做自己想做的事，给孩子充分的发挥空间。这样可以培养孩子的时间意识，孩子为了有时间做自己喜欢做的事，也会努力提高效率的。

作为家长，我们不能一味地斥责孩子，而应该主动找到并分析孩子磨蹭的原因，让孩子独立承担不珍惜时间的后果，让孩子认识到自己的坏习惯所带来的不良影响。然后，家长再主动通过与孩子共同制订活动时间表等方式，有效地引导孩子及时改掉不良的习惯，不断提高孩子自主管理的能力。

了解孩子

随着孩子进入五年级，他们的自我意识逐步觉醒，渐渐摆脱对外部控制的依赖，逐渐形成了以内化的行为准则作为监督、调节、控制自己行为的依据，而且开始由对自己表面行为的认识、评价转向对自己内部品质的更深入的评价。对于“你是一个好孩子，应该……”这样的话，有的孩子会马上反驳“我又不是好孩子”，并且会即时避开。通常来说，这个阶段的孩子会有以下几种表现。

一、对被要求做的事情有负面情绪。

当孩子认为他的任务超过心理压力的上限时，就会出现畏难情绪，可能会用磨蹭来逃避问题。这时家长可以把问题拆分为孩子力所能及的范围，把任务一点一点地分配给孩子，孩子有了成就感以后，慢慢地就会有信心完成剩下的任务了，自觉性也会越来越强。

二、对父母管教表现出反抗。

一些家长习惯性“督促”和“强制”孩子完成既定目标，不给孩子选择目标的机会。面对强势的父母，孩子会感受到压迫感，内心很无助，又不敢直言反抗，只能将拖沓作为“无意识隐性对抗语言”。

三、对行为目的不明确。

当我们给孩子下达任务命令的时候，孩子并不一定理解为什么要迅速完成这件事情。在他们的认知里，早做完和晚做完并没有区别。拖延的后果是什么？准时的好处是什么？他们是不明白的。如果孩子意识到这是他们应该做的事、必须做的事，那么就可以做得快，反之就做得慢。

四、注意力不集中。

孩子的注意力很容易受到周围环境的影响，如家里有弟妹打扰，有手机、电视等影响或者旁边出现一些精彩事情等，这些都会把他们的注意力吸引走。孩子对世界充满好奇，当室内环境太过烦琐时，孩子的注意力就会不集中，就会做事磨蹭。

五、时间观念尚未完全建立。

尽管进入五年级了，但是很多孩子其实并不是很清楚时间意味着什么，以及在一定的时间内能完成多少事儿，所以会不知不觉地出现磨蹭的情况，这其实是无意的。当然，有时候孩子也会受到家长的磨蹭行为影响，并把家长的这种行为当作是一种榜样进行模仿。因此，想让孩子做事利落、守时高效，家长应该自己先养成好的习惯，并用自己的行动影响孩子，有效地帮助孩子建立正确的时间观念，让孩子意识到在对的时间做对的事情是很重要的，从而爱上规律的学习生活。

通过上述分析，我们了解了五年级孩子所表现出的特点，那么这时五年级的孩子心里想的都是什么呢？我们不妨倾听一下他们内心的声音。

1. 爸爸妈妈可以不按时完成任务，为什么我不行？

爸爸妈妈总是承诺周末带我去游乐场，但是只要接个电话，就要拖延大半天，好多次都去不成，要不就是在游乐场没玩多久它就关门了。爸爸妈妈都这样，我玩一会儿再完成作业又怎么不行了？

2. 我做作业很快的，10分钟就能完成100道计算题。

今晚的作业不就是20道计算题吗？这又算什么？我先玩我的小赛车，明早到教室后再开始做作业完全来得及，我做题很快，10分钟就能完成100道题，更何况区区20道。

3. 我知道我该做什么，但是你们越催我，我越不想做。

我知道什么时候要做什么事，我也有信心能做好，但是一旦爸爸妈妈来催我，尤其是用命令的语气来跟我讲的时候，我就不想做了，甚至想逃避这件事。

其实，五年级的孩子已经有了自己的认知，他们的决定容易受到家长日常言行的影响。想要帮助孩子摆脱“拖延症”，家长必须以身作则。

实施指南

随着自我意识的不断觉醒，五年级的孩子对事情有了更多的主见，但仍然比较片面，还不能很好地把握问题的重点。这一阶段，孩子会比较随性，在困难面前比较容易退缩。为此，家长可以尝试使用以下几种策略指导自己在家庭教育中的行动实践。

◆ 策略一：由易到难，帮助孩子逐渐克服畏难情绪。

孩子现在主要的目标就是学习，可是孩子一听要背诵古诗等，心里就觉得好难啊。想要帮助孩子解决这种畏难情绪，就必须在简单的地方下手，让孩子先有一个胜任感，然后循序渐进，给孩子增加难度。比如，在让孩子背古诗时，家长可以先给孩子挑选简单的诗篇，并引导孩子认真完成背诵。这时候，家长须及时给孩子确认，并通过使用“你看你还是可以的，这才多久古诗就背下来了”“我说你行吧，你仔细感觉一下，是不是特别有成就感、特别自豪？”等话语，让孩子在成功的实践中获到成就感。久而久之，孩子的畏难情绪自然就可以解决了！

◆ 策略二：适时鼓励，让孩子感受到父母的爱。

家长要想让孩子接收到爱，就需要对孩子绝对用心，让孩子时刻感受到家长的关心和陪伴。为此，家长可以尝试在日常生活中给孩子打分表扬，用心、仔细地对孩子所做的事情进行点评，如“那天你帮姐姐整理房间了，你真棒！”“昨天我看见你主动打扫客厅卫生了，给你点赞！”等。随着时间的推移，孩子自然就能从父母的身上感受到爱，从而变得更加自立且充满爱心。

◆ 策略三：加强互动与交流，增加亲子沟通。

沟通可以让孩子释放压力，让孩子集中注意力。孩子在学校会遇到各种各样的压力。比如，其他同学算数比自己快了，那自己是不是就比他们笨呢？五年级的孩子心里依然会有一些想法，但不敢向家长诉说，怕被家长打骂或冷嘲热讽。因此，父母在与孩子沟通的时候要沉住气，就算孩子的想法不切实际，也要条理清晰地给孩子解释。只有这样，孩子以后的思维才会变得有条理。一旦问题得到解决，孩子也就能专心地做作业了，也就不再磨蹭了！

◆ 策略四：主动分享与点评，提高孩子对自我的认识。

作为父母，我们可以多给孩子讲一些知识改变生活的例子，让孩子对知识充满憧憬，并且主动确立某种目标，从而不断激发孩子前进的动力。同时，家长还可以对孩子做一个全方位的测试，帮助孩子自我评价，让孩子更加了解自己，如一分钟可以写多少个字、几分钟可以背一首诗歌、多长时间可以算一道数学题。只有这样，家长才能有效地帮助孩子取长补短，让孩子不断获得进步，进而成功地戒掉“拖延症”！

其实，让孩子体会到时间的可贵，帮助孩子改掉拖延的坏习惯，这并不是什么难事。家长只要经过合理的规划也是可以做到的。因此，在家庭教育中，家长应该主动关注孩子的动态，了解孩子的心理活动，找到孩子拖延的原因，帮助孩子及时消除不良的情绪，主动给孩子传授相关的知识，让孩子感受到父母的关爱，并及时地与孩子进行沟通，帮助孩子树立正确的时间观念，引导孩子逐渐摆脱“拖延症”，从而养成“讲时效、重效率”的好习惯。

坚持运动

——体验移动快乐，磨砺意志品质

案例分析

五年级的小罗一直身体单薄、体弱多病，曾经极度缺乏安全感。因此，小罗总是会将焦虑、暴躁等情绪宣泄给家里人。后来，在家人的帮助下，小罗渐渐改掉了不良情绪。

小罗想参加运动，但又怕对抗性比较强的运动，如足球、篮球等。于是，爸爸妈妈鼓励他参加没有身体接触的体育运动，如乒乓球、羽毛球等。刚开始，小罗还很抵触，觉得不好玩，好累、好无聊！这时，爸爸妈妈改变方式让他重新找回了兴趣。放学后或周末时，爸爸妈妈会带小罗到小区的运动区域，一家人一起打乒乓球。爸爸妈妈还会主动教小罗一些扣杀的动作和要领。经过一段时间的练习后，小罗对这些运动的兴趣明显增加了。

后来，小罗主动参加了学校的乒乓球兴趣班，并兴奋地告诉妈妈："老师说我是班上打得最好的！"看着小罗满脸的笑容，妈妈很欣慰。毫无疑问，小罗最终从运动中收获了快乐！

经过对上述案例进行分析，我们发现小罗在家长的帮助下成功地战胜了恐惧与挫折。鉴于此，家长在培养孩子坚持运动的习惯时可以从以下几个方面入手。

1. 锻炼孩子的独立性和抗挫能力。

很多像小罗一样天生体弱多病的孩子因为在成长过程中受到家长的过度呵护，使得他们的独立性和抗挫能力较其他孩子要弱一些。而长大后，当看到别人可以无拘无束地参加各种运动项目，自己却处处受到限制时，孩子就会产生负面的情绪或者出现叛逆的心理。在现实生活中，每个孩子都可能会有这种情绪或心理。为此，家长可以像小罗的父母一样有策略地锻炼孩子的独立性和抗挫能力，不让孩子被负面的情绪或挫折所影响。

>> 2. 鼓励孩子勇敢尝试。

由于缺乏应对措施，孩子在遭遇挫折时很容易就会产生负面的情绪，甚至在受挫折后产生一些远期影响，如丧失自尊心、自信心，自暴自弃，精神颓废，一蹶不振等。如果能适当对孩子进行挫折教育，鼓励孩子勇敢尝试，将有利于培养孩子良好的心理素质和坚强的意志。

>> 3. 陪伴孩子共同面对挫折。

由于缺乏家长的鼓励、陪伴和引导，孩子遇到困难和挫折时容易打退堂鼓。家长应在孩子小时候就开始对其进行积极的挫折教育，使其初步掌握应对挫折的策略和方法，有针对性地提高孩子的抗挫折能力，为孩子今后走向社会，学会独立、学会生存打下坚实的心理基础。当孩子无法自己应对成长的挫折时，家长可以像小罗的父母一样主动陪伴孩子，并且通过有效的方法与孩子共同克服困难，做孩子坚强的后盾。

>> 4. 参加运动要循序渐进。

随着孩子进入五年级，有的家长认为孩子已经长大了，可以通过锻炼强身健体了，于是就急于让孩子参加一些对抗性强、运动量较大的运动。因为没有一个循序渐进的过程，孩子容易在与他人发生肢体碰撞时而受伤，让孩子对运动产生恐惧心理。因此，家长可以借鉴案例中小罗父母的做法，让孩子循序渐进地参加运动锻炼。

在孩子应对挫折的过程中，家长的影响是不言而喻的。对孩子来说，父母的决定与举措都可能对他们的身心发展产生深远的影响。因此，作为家长，我们需要使用正确的方式、方法帮助孩子战胜挫折，引导孩子在实践中不断磨炼意志，让孩子逐渐爱上体育锻炼，并能从中感受到更多成长的乐趣。

了解孩子

随着孩子进入五年级，丰富的社会活动、繁杂的兴趣班占用了孩子大量的时间。小时候，孩子喜欢缠着父母参加户外活动。可到了五年级，孩子独立参与的活动越来越多。为了能更好地帮助孩子，有效地促进孩子的成长，家长需要明确孩子在这个阶段的成长特点。这主要包括以下几个方面。

一、缺少坚强的意志力，目标意识淡薄。

运动的对抗性对体质健康的要求越来越高，如果之前不具有坚忍的意志，就会怕吃苦。体质弱、运动基础差、学习感到困难的孩子在教学评价缺乏合理性的基础上会产生一种自卑心理，失去信心，不愿意主动参与体育运动。家长可根据孩子身体条件制订阶梯式目标，合理规划训练，是激励孩子的有效方式。

二、运动的兴趣低落，热情不足。

比起低年级时需要父母的陪伴和语言上的鼓励，五年级的孩子更需要靠兴趣作为保持运动习惯的动力。兴趣逐渐在孩子参与体育活动中占主导地位，兴趣是最好的老师。然而，当前的状况并不乐观。由于受到学习的压力、学校的运动氛围和运动环境，以及部分独生子女的孤僻性格等多种因素的影响，孩子无法真正享受运动的乐趣，逐渐失去对体育运动的兴趣。家长可以根据孩子的喜好，选择孩子适合的运动，并且有针对性地培养其热情。高涨的兴趣和热情可以帮助孩子爱上体育运动并坚持下去。

三、需要借助运动偶像的榜样力量。

在参与体育运动过程中，体育老师能否成为孩子的运动“偶像”，也是孩子能否保持运动习惯的一个重要因素。由于现在公立学校的班级人数较多，体育老师在传授技术时，无法照顾到每一个孩子，这就导致部分运动能力较低的孩子得不到充分的指导。对于运动天赋较好的孩子，他们能在课堂上很好地掌握技术要领，稍加练习就能达到标准。对于运动能力稍弱的孩子，由于没有得到科学的指导，他们在锻炼中很容易出现损伤。一次次的挫折和失败渐渐地会让这一部分孩子产生“厌学”情绪，造成体育意识淡薄。

四、需要家庭与学校、社会共同的帮助。

班主任和家长帮助孩子树立积极参加体育运动的态度，很大程度上会对孩子增强运动锻炼意识起到导向作用。如果家长和班主任对孩子参加体育锻炼持有积极态度，就能使孩子形成对体育的正确观念和积极向往，促进孩子主动参与体育运动。据调查，仅 11.11% 的家长能明确要求孩子锻炼身体，8% 的家长能针对自己孩子的身体素质特点，并且结合孩子的年龄特征，给孩子规划体育运动项目和运动时间。实践证明，要想有效地培养学生的体育意识，需要学校、家庭与社会的相互配合。只有这样，孩子才能保持对运动的热情，养成自主锻炼的习惯，掌握一到两项终身受益的运动项目，并且在运动中培养坚强的意志品质。

五年级的孩子尽管有很多自己的想法，但是仍无法科学有效地制订运动计划。因此，在帮助孩子制订运动计划时，家长不妨主动听听孩子内心真实的想法。

》》 1. 我想多参加体育锻炼，可以吗？

我以前非常喜欢运动，是班里的体育小健将，最喜欢跑步、跳远、打篮球，体育测试都能拿满分。我是班级篮球队主力，我们班队在学校篮球赛上获得过年级冠军。但是到了五年级，妈妈总让我参加很多兴趣课堂，使得我参加体育运动的时间越来越少。我太想念在篮球场上自由奔跑的感觉了。

2. 我真的很想踢足球，能支持我一下吗？

我是个女孩子，出生时只有三斤，从小体弱多病，家里人对我百般照顾，我就是那个别人口中“含在嘴里怕化了”的孩子。我很少能参加户外运动。每当看到小伙伴在小区里做游戏，我就特别羡慕。进入五年级以来，我做过最剧烈的运动也就是跳绳了。我多次向爸爸妈妈提出想要参加足球队。可是，爸爸妈妈总认为女孩子踢球太粗鲁，更担心我受伤，所以一直没同意。可我不想成为温室里的花朵，我也想成为像中国女足运动员那样的铿锵玫瑰。

3. 谢谢一直鼓励我的爸爸妈妈。

从小我就很喜欢运动，但是运动能力不是很好。每年学校举行游泳比赛时，看着小伙伴站在领奖台上，我真的很羡慕。但是我上了一期游泳课后，却只能游十米，这离参赛的要求实在太远，我都想放弃了。后来，在爸爸妈妈的鼓励和陪伴下，我继续坚持练习。终于，在五年级的一次游泳比赛中，我成功入围前八名。站上领奖台那一刻，我太激动了。感谢陪伴我的爸爸妈妈，感谢你们给我的鼓励！

由此，我们能感受到五年级的孩子在主观上对体育锻炼还是充满向往的。作为家长，我们需要根据孩子的实际情况，及时帮助孩子制订正确合理的运动计划，而不应打击孩子运动的积极性。

实施指南

在教育孩子的过程中，家长要追求全面发展，除了让孩子有优秀的学习成绩，还需要引导孩子通过有效的锻炼获得强健的体魄。因此，家长必须要重视孩子的运动能力，在孩子的成长过程中注重其运动能力的培养。想要帮助孩子茁壮成长，可从以下几个方面入手。

◆ 策略一：积极引导，激发孩子的运动兴趣和热情。

兴趣是孩子最好的老师。要使孩子对体育运动产生兴趣，家长就必须让孩子掌握一定的运动技能和体育健康知识。只有这样，家长才能激发孩子参加运动锻炼的兴趣，从而养成自主锻炼的习惯。

为此，家长可以让孩子自主选择一到两项符合其年龄特点、身体素质并且喜欢的项目，然后制订一个针对运动项目的锻炼计划，并且列出明确的目标和内容，以及规定锻炼的次数和时间。比如，孩子选择篮球项目，计划每天放学后通过跑步提升体能，每周参加一到两次专业训练。制订好训练计划后，家长切记不要让孩子“三天打鱼，两天晒网”，或者轻易改变甚至放弃锻炼，这样不仅会使孩子的体质得不到改变，而且会导致孩子养成做事一拖再拖、说话不算数的坏习惯。要想让孩子获得好的锻炼效果，家长可以定期或不定期督促孩子落实锻炼计划。此外，家长要注重培养孩子坚强的意志和坚持到底的毅力，引导孩子不要因为学习忙没时间、体育锻炼太苦太累、锻炼成效不好而半途而废。

◆ 策略二：以身作则，为孩子树立运动锻炼的好榜样。

父母既然是孩子最亲密的老师，就应该在孩子面前树立良好的榜样形象。如果孩子总是一个人运动，中途没有互相加油打气的人，难免会无法坚持。

其实，父母可以和孩子一起运动，让孩子在父母的陪伴下学会坚持，从而达到事半功倍的运动效果。此外，父母的陪伴还可以拉近与孩子之间的亲子关系，使家庭更加和谐。

作为家长，我们应该认识到孩子全面发展的重要性，主动改变原有错误的观念，对孩子参与体育活动持有积极的态度。对孩子来说，学业固然重要，但保持自主运动的习惯对孩子终身发展具有更深远的影响。在坚持运动的过程中，孩子会因为累、因为挫折、因为受到外部因素的影响而出现中断或想放弃的情况。这时候，家长要多鼓励，给孩子定目标。比如，当练习篮球的孩子经过一个月的训练，在计时跑篮的十个回合中有了明显的进步时，家长要适当给予鼓励，激发孩子的动力；对于练习游泳的孩子，家长可以制作成绩表，记录孩子在同一距离的成绩曲线图，让孩子对自己的训练效果有科学的认识，并在一次次的自我突破中磨炼意志。

◆ 策略三：实事求是，选择与孩子年龄相适宜的运动项目。

任何事物的发展都是一个循序渐进的过程，在培养孩子运动能力这件事上，有些父母操之过急，让还处在幼小的年龄的孩子尝试长跑等专业项目，这是非常不恰当的。不符合孩子年龄的运动项目，对孩子来说不仅没有任何效果，还会伤害到孩子的身体。

孩子的成长过程，就是身体不断发育的过程。孩子的身体健康和身体发育都离不开体育锻炼，体育锻炼具有非凡的意义。体育运动对孩子的身体发育有着不可替代的好处。孩子如果经常做一些跳跃拉伸运动，如打篮球、跳绳、跳高等，将有助于促进身高的增长。可见，体育运动对孩子的健康成长是很重要的。

◆ 策略四：积极参加有益于儿童成长的社会实践活动。

父母可以陪着孩子参加社团或者企业组织的一些有益于儿童成长的社会实践活动，这样有助于促进孩子与父母的关系，让孩子结识更多的好朋友。亲子运动不仅有情感交流，还会涉及心智发展、社会活动、兴趣培养和认知活动。通过带领孩子参与活动，家长可以提高孩子主动探索的能力，从而让孩子在少年时期获得健康而全面的发展。比如，居住在大城市的父母可以组织几个家庭的孩子到红色历史纪念馆进行参观，学习革命先烈的民族精神；也可以让孩子担任环保小志愿者，学习垃圾分类知识，主动减少使用一次性物品，养成始终坚持绿色出行的好习惯。对于生活在乡镇的孩子，家长可以带领孩子积极参加乡村少年宫活动，帮助孩子不断丰富阅历；还可以通过让孩子主动参与家庭劳作，有效地引导孩子学习科学的种养知识，拓宽知识面。

延伸拓展

阅读推荐

五年级依然是孩子习惯与自律形成的重要阶段。为了能更有效地帮助孩子在小学阶段及时成为管理自己的主人，家长需要通过阅读科学的育儿书籍，不断调整和优化自己在家庭教育实践中的做法。为此，我们挑选了以下书籍，希望家长能从中受到一定的启发。

1.《运动塑造孩子的大脑》(著者：[美]吉尔·康奈尔、谢丽尔·麦卡锡；译者：方菁、陈筱睿、张玲凡、许馨予；审校：王静；出版单位：华夏出版社)。

理由及建议：一个运动起来的孩子更擅长学习，书中的“身体运动”(physical movement)不是指竞技运动，也不局限于体育课或者某运动类兴趣课堂上学习的内容。通过阅读本书，家长可以学习到许多随时随地发起的游戏，不断激发孩子对运动的探索和认识。

2.《“六五”普法·青少年法制教育读本》(小学漫画案例版)(总主编：何秉松；出版单位：中国民主法制出版社)。

理由及建议：本书根据小学生的学法用法需求精心编排，细心解读，配以大量的漫画插图和案例，使普法教育联系实际，生动有趣。阅读时，家长可以指导孩子通过看图识法的方式，加深孩子对相关法律知识的认识。此外，家长还可以利用本书末尾的"'六五'普法·全国青少年法律知识竞赛参赛须知和试卷（小学版）"，引导小学生学法、懂法、用法。

3.《优秀儿童时间管理手册：30天让孩子学习更高效》（著者：乔子清；出版单位：中国致公出版社）。

理由及建议：这本书全面剖析了孩子不会管理时间的原因，并就提高时间利用率给出了行之有效的指导方法。通过阅读本书，家长可以结合孩子成长的特点，对书中介绍的技巧和方法进行活学活用，让孩子拥有一张自己的"黄金时间表"，帮助孩子真正掌握自身的时间和生活。

评估改进

一、自我评估

您在日常生活中的实际情况与下面列出的表现是否相符？若相符，则选"是"；若不相符，则选"否"。

	是	否
①看到孩子不讲公德和不守法纪的现象，您是否会主动给孩子讲解遵守社会公德的重要性，并且引导孩子养成讲文明的好习惯？	□	□
②您是否在孩子面前做好讲公德或守法纪的榜样？	□	□
③您是否注意对孩子进行公德行为或法制教育，如引导并陪伴孩子收看有关公德和法治频道节目？	□	□
④您是否了解教育部关于每个学生至少掌握两项终身受益的体育项目的要求？	□	□

⑤ 您是否有经常跑步或带孩子一起跑步的习惯？ □ □

⑥ 孩子参加集体性体育运动时，您是否关注他在运动过程中的抗挫能力？ □ □

⑦ 看到孩子做事慢，您是否会主动帮助孩子寻找和分析原因？ □ □

⑧ 在给孩子安排任务时，您是否会征求孩子的意见？ □ □

⑨ 对于天生慢性子或者喜欢思考的孩子，您是否承认并且接受孩子的这种气质特点？ □ □

⑩ 您是否会采用类似比赛的方式来激励孩子提高做事效率？ □ □

【评估参考】

如果您选择的“是”比较多，说明您已经注重学习陪伴孩子的策略技巧，掌握正确的教育方法，能给予孩子科学的引导。相信在您的帮助下，孩子管理自己的能力会大大提高。如果您选择的“否”比较多，那么您还需要改进自己的教育方式，学习科学的方法，有策略地培养孩子自主管理的能力。只有这样，孩子才能改掉做事磨蹭、不守规则、不爱运动的不良习惯。

二、改进计划

亲爱的家长，您好！阅读本专题后，您应该对如何引导孩子成为管理自己的主人有了更深入的认识。下面请您结合实际，写出自己的改进计划，并逐项完成。

第三专题 鼓励孩子追求有意义的学习方式

子曰："知之者不如好之者，好之者不如乐之者。"孔子认为，了解怎么学习的人，不如喜爱学习的人；喜爱学习的人，又不如以学习为乐的人。如果将其视为"学习的三种境界"，那么达到第二种境界的人数最多，而达到最后一种境界的人数最少。作为家长，我们不妨尝试合理归因，更好地帮助孩子转换心态，突破畏难情绪，让学习变成伴随孩子一生的无尽乐趣，从而成就他们的幸福人生。

乐于学习
——突破畏难情绪，合理竞争

案例分析

大家都非常关注孩子的学习动力问题。很多爸爸、妈妈都不约而同地提到了孩子害怕困难的问题，从做手工、游泳等兴趣特长的培养，到日常学习和写作业，他们都可能会因为怕难而不肯干，让家长十分苦恼。为了更好地了解孩子的畏难情绪，我们可以看看以下两个案例。

案例一：不能接受批评。

小敏吵着让妈妈买了一套价值1000元的拼图。拿到拼图后，小敏欢天喜地开始拼装。然而，没过多久，小敏感觉难度太大，拼不下去，于是表示不想玩了。小敏的妈妈看着女儿打退堂鼓的模样，着急地说："这有什么难？不就是按图纸拼吗？很简单啊。"没想到，小敏听了之后，情绪一下子就失控了，把已经拼好的拼图狠狠地摔在地上，哭喊着："那你来拼啊！呜呜呜……坏妈妈！"

案例二：善于归因，积极应对。

霖霖每次做数学作业都会磨磨蹭蹭。有一次，爸爸发现霖霖写了一个小时还没写完，忍不住走过去检查他的作业。当爸爸看到霖霖的数学练习册还是一片空白的时候，顿时就气炸了，责问儿子为什么做作业总是拖拖拉拉。霖霖大哭着喊道："很多题我都不会做！"爸爸听后，感到很内疚。这才意识到孩子是因为不会做，所以才拖着不想做。冷静过后，爸爸对霖霖说："你做作业是很有责任心的，因为一个不在意、不想做好的孩子，又怎么会着急呢？所以我懂你的努力，我们一起来找方法。"后来，在爸爸的耐心开解和精心指导下，霖霖很快就把作业全做完了，并且找回了学习的自信心。得益于爸爸的悉心陪伴和暖心教导，霖霖逐渐克服了学习上的畏难情绪，再也没有出现磨蹭的现象。

从上面的两个案例来看，两位家长都尝试帮助存在畏难情绪的孩子，结果一位成功，一位失败。经过综合分析，我们不难看出帮助孩子突破畏难情绪的关键在于让孩子找到自信心，而不是一味的质疑。为了让孩子找回自信，明智的家长通常能做到以下几点。

1. 善于换位思考，从孩子的角度出发。

当给孩子示范一些解决困难的办法时，家长可以尝试从孩子的角度出发，认真分析孩子畏难情绪背后的原因，避免让孩子产生"别人做这个事情很简单，可自己却做不到"的消极感受，主动引导孩子找到直面并战胜困难的信心和勇气。然而，在案例一中，小敏拼图遇到困难时，她心里的挫败感已经很强烈，但是小敏的妈妈不仅不主动理解小敏的内心感受，还以成年人的视角对孩子的能力产生了否定和怀疑，这对小敏来说无疑是一番沉重的打击，同时唤醒了小敏过往的失败体验，导致小敏听了妈妈的话后很是反感，进一步加重了畏难情绪，对困难产生了消极抵抗的情绪。

2. 注意观察，及时为孩子提供帮助。

如果一件事情很重要，而孩子又迟迟没有动手，非但不积极主动地解决问题，甚至无意识地夸大困难，表现出退缩、躲避、迂回的态度，家长须仔细分析其中的缘由，以便及时为孩子提供帮助。孩子之所以会对一件事产生畏难的情绪，感到无所适从，有时是因为其曾在过往的失败经历中受过打击，或者孩子曾经接受了挑战，但是没有挑战成功而失去了直面困难的勇气和信心。案例二中的家长通过观察与思考，发现孩子产生畏难情绪的主要原因是能力不足，并及时给予孩子有效的引导。在家长的帮助下，孩子找回了信心，感受到了成功的喜悦。可见，成功的经历有助于孩子克服畏难情绪。

3. 主动接纳孩子的情绪。

当孩子产生畏难情绪时，如果家长无故“放大”孩子所面对的困难，孩子的情绪就会变得更加激动，这往往会与我们帮助孩子疏导情绪的初衷背道而驰。进入五年级后，孩子拥有较为强烈的自尊心，他们更愿意在私底下逐渐克服困难。因此，家长需要接纳孩子的情绪，给予他们改变自我的机会。家长让孩子不再为难，就是给了孩子一个突破的机会，这才是教育的目标。无论何时，家长都应该尝试让孩子心平气和地把问题变成挑战，接受并完成挑战，进而找回自信心，这样不但可以帮助孩子消减畏难情绪，还可以让孩子获得应有的学习动力。在案例二中，霖霖的爸爸接纳了孩子的情绪，通过肯定孩子的“努力”，传递了“困难是暂时的”信号，有效疏导了孩子的畏难情绪，促进了孩子的成长。

了解孩子

孩子从呱呱坠地开始，就会自发地学习，甚至看到什么就模仿什么。随着孩子不断成长，他们开始有选择地学习，而不是单纯地看到什么就模仿什么。因此，作为家长，我们应该认识到想要让孩子快乐地学习，就必须有针对性地激发孩子学习的内在动力。

法国古典作家拉罗什富科曾说："缺乏信心并不是因为出现了困难。"很多家长在面对困难的时候，也会产生畏难的情绪，更何况是尚未成年的孩子呢？如果家长不理解孩子，没有帮助孩子缓解畏难情绪，还一味地逼迫他们迎难而上，这只会加重孩子内心的恐惧感，从而让孩子感到无所适从。从这个层面看，真正让孩子缺乏自信、知难而退的并不是他们面对的困难，而是父母的态度。父母的态度越强硬，孩子就越害怕面对困难，最终导致孩子失去战胜困难的信心。

为了更好地帮助孩子突破畏难情绪，增强自信心，家长需要明确孩子在这个阶段的成长特点。这主要包括以下几个方面。

一、自我意识增强，希望得到尊重与鼓励。

五年级的孩子正处于自我意识的形成时期，他们对事物有着自己的观点和看法，并且总是固执地认为自己才是对的。此时，孩子会努力地表现自己，希望得到更多人的肯定评价。但由于生活和社会经验的不足，孩子的观点和看法往往是不全面的，或是错误的。理想与现实的差距也会让孩子的情绪、情感发生很大的变化。

除此之外，孩子的自信心除了源于他们的自我激励，还来自父母的赏识和鼓励。其实每一个孩子都是这样的，如果家长时常说，"孩子，你真聪明！"，孩子就会觉得自己聪明；如果家长总是说，"你怎么这么笨呢？"，那么孩子真的会认为自己很笨，这就是心理学上所讲的"暗示"作用。每当孩子碰到挫折，想要"认输"的时候，往往也是"自信"被泯灭的时候。这时，父母给予孩子积极正面的心理暗示就显得尤为重要。

二、容易出现厌学情绪。

在五年级这个阶段，孩子的思维能力迅速发展，他们开始有了自己的独立思维，并且开始思考：我为什么要学习？学习差会怎样呢？与此同时，由于自我意识仍处于崛起的初期，这时候的孩子固执地认为自己可以解决所有的问题。此外，父母的唠叨和命令不但会令孩子感到厌烦，还会给他们一种错误的信息：学习是一件很艰苦的事情，他们只是在为父母学习。在这种错误信息的影响下，孩子很容易就产生了厌学情绪。

有时候，孩子还会因为得不到父母的尊重和理解而故意与父母作对。因此，在家庭教育的过程中，家长不要认为孩子的行为只是单纯的不听话，或者故意与家长作对。其实，孩子的这一行为背后隐藏着孩子对得到家长理解与尊重的渴望。

三、他律逐渐转变为自律。

国外一位研究行为学的专家就孩子的行为习惯做了一项调查，结果显示孩子习惯培养的关键期是小学的中低年级，而四或五年级是一个“分水岭”。也就是说，如果孩子在五年级之前就养成了良好的学习、生活习惯，这些好习惯将会伴随孩子一生。如果孩子想要在五年级之后再改掉某些恶习，除非进行特殊的训练，否则这些坏习惯是很难改变的。在这个时期，孩子的意志力发展开始由弱到强，由他律逐渐向自律过渡。因此，五年级是孩子培养好习惯和改正坏习惯的黄金时期。

通常来说，孩子的自信心和勇气大多来自家长的鼓励。当家长不断地告诉孩子“没问题，相信你”时，孩子也相应地获得了力量，可以更勇敢地面对生活中的难题。睿智的家长往往会扮演亦师亦友的角色，他们既是孩子吐露心声的好朋友，又是引领孩子战胜重重困难的航标灯。此外，家长还应努力为孩子创设成长的空间，帮助孩子孕育自信和勇气，从而让孩子获得源源不断的学习动力。为此，家长需要认真倾听孩子内心的声音，以便为孩子提供切实有效的帮助。

1. 请您多给我一些耐心！

妈妈，您经常说我脑子笨、能力差。虽然每次我都强压情绪，没有多说什么。但实际上，我多么希望在我遇到困难时，您能及时帮助我，而不是讽刺我。我知道我不是很拔尖儿，学东西也不是很快，可是我始终认为只要充满信心，我就一定能做好。请您多一点耐心，多给我一些时间，我会努力调整好状态，并且全身心地投入学习中。

2. 其实我真的在努力。

每当我写作业碰上难题的时候，您总是骂我懒、不肯动脑筋。说实话，我是真的不会！妈妈，我觉得我不懒，我很努力了。为了提高学习成绩，我在学校经常利用课间的零星时间学习。回家完成老师布置的学习任务后，我又马不停蹄地完成您布置的其他任务。我希望您可以看到我的努力，而不是一味地指责我。

3. 多夸夸我，可以吗？

每当我想要和您分享获得进步的喜悦时，您总是说："和那些学习好的同学相比，你还差那么多。"每一次听了您的这些话，我都会感到心灰意冷。不知道从什么时候开始，一写英语作文，我就害怕得瑟瑟发抖；一看到数学的"思考题"三个字，我就会头脑一片空白。因为受到您说的这些话的打击，我对学习的态度也从喜爱变成了厌恶。

时光飞逝，孩子也在一天天地长大。作为家长，我们需要细心观察孩子的成长，关注他们在这个年龄段出现的心理变化，同时以正确、合理的态度对待和分析孩子在这个阶段的具体情况，及时帮助孩子摆脱不良的情绪，让孩子健康、快乐地成长。

实施指南

五年级的孩子非常容易出现畏难情绪，这通常是他们学习、成长路上的绊脚石。对于处在小学阶段的孩子，他们很难自己摆脱畏难情绪。为此，家长应当适时地向孩子伸出援助之手。当孩子出现畏难情绪的时候，家长可以尝试采取以下几种行动策略，及时帮助孩子走出困境。

◆ 策略一：注重夸奖孩子的“过程”。

大多数家长都习惯在心中给孩子标记一条优秀的线，即如果满格是100分，很多家长会把这条线定在90分。因此，每当孩子拿到了90分以下的成绩，有的家长就会表现出不满，即使不责骂孩子，脸色也会出现变化。其实，对孩子来说，分数多高并不那么重要，他们更在意父母是否会认可过程中所付出的努力。

在日常生活中，父母不应该把成败放在第一位，同时也教育孩子不要把成败看得太重。正如卡耐基所说：“人们喜欢别人赞美的事，便是他们自己觉得没把握的事。”当孩子听到夸奖，他们会有成就感，并且为了维持这种被认可的感觉，而会选择努力做好本来认为自己很难做到的事情。因此，在夸奖孩子的时候，家长应该主动强调孩子付出努力的具体过程和行为细节而不是单纯的结果。只有这样，孩子才能清楚地认识到自己做得好的地方，并有意识地继续保持。当孩子真正学会迎难而上的时候，父母的教育价值就得到了真正地体现。只有这样，孩子的人生才会变得更精彩。

在成功发明灯泡之前，爱迪生足足失败了1600次，有人会挖苦他已经失败那么多次了，但是爱迪生每每听后都会笑着说："不，我已经成功发现1600种不适合做灯丝的材料。"正如爱迪生所说的："失败也是我需要的，它和成功对我一样有价值。"当孩子明白失败是正常且有价值的时候，他们就会大胆地直面困难、勇于挑战，让自己在逆境中获得更快的成长。

◆ 策略二：适当降低难度，让孩子跳一跳就能够得着。

不少家长常常会和孩子说："以后你要上清华，未来你要上耶鲁。"表面上看，这似乎只是家长对孩子寄予厚望的表现。实际上，家长给孩子提出这样一个极高的理想，会潜移默化地变成孩子的一个终生负担。如果他在努力之后发现自己无法完成父母的愿望，容易引起终生的遗憾甚至伤害，不利于孩子的成长。所以，家长需要根据具体情况来向孩子提要求。

给孩子确立目标，需要一个循序渐进的过程。畅销书《微习惯》的作者斯蒂芬·盖斯能够每天坚持健身运动，最开始也是从一个简单的俯卧撑做起的。他每天要求自己做一个俯卧撑，完成了，再来一个，又完成了，再来两个……往后的日子，继续要求每天完成一个，无论什么时候想起来就做，每天都能完成，偶尔还能超量完成。这种循序渐进、难度较低的挑战，使他每次都能成功地完成任务并且重拾了自信。后来，斯蒂芬把这种日常、简单的锻炼逐渐转变成一种生活习惯，他的身材也在不知不觉中变得更加结实。

很多时候，我们之所以认为一件事很困难，主要是因为事情本身太过庞杂，从而不知该如何下手，这对孩子来说也是一样的。在面对一件困难的事情时，孩子会产生压迫感，并且本能地抵触而不想去做。此时，父母可以适当降低难度或者拆分任务，让孩子不用花费太多工夫就能完成，这样不但可以疏导孩子的畏难情绪，还可以增加孩子战胜困难的信心。

此外，家长还需要认识到孩子的理解和学习能力还不够完善。孩子之所以会出现逃避、拖延的情况，是因为他们无法依靠自己的能力解决问题。“教育孩子，要慢点，再慢一点。”帮孩子走出“畏难”的困境，父母也要慢一点，多一点耐心。作为家长，我们需要主动理解孩子遇到困难时的不安情绪，然后结合孩子的实际情况，逐渐带领孩子直面并最终战胜困难。当孩子明白困难其实并不可怕的时候，他们就会有足够的信心正视并克服困难。

◆ 策略三：努力成为孩子心中的高手父母。

>>> 1. 用稳定的情绪给孩子足够的安全感。

我们总认为父母在孩子不懂事的时候吵架是不会产生什么不良影响的，其实不然，孩子自出生起就具备察言观色的能力，父母吵架会让孩子留下心理阴影，在一定程度上会影响孩子的成长。孩子在家庭和睦的环境中成长会更有安全感，会有足够的勇气去面对生活的困难与挑战。反之，在父母情绪不稳定的环境中成长起来的孩子会缺少安全感，不想面对世界。

>>> 2. 用共同约定的规矩强化亲子间的默契。

家长可以在孩子还小的时候就定下一些需要一生遵守的规矩，如做事的礼仪、与父母的相处之道等。这些规矩不但会帮助孩子形成良好的品格特质，还有助于培养孩子有条不紊的思维和行动力。

很多父母在教育孩子的时候会下意识地强调自身的付出，表达的方式不是唠叨就是批评，如“爸爸妈妈花了这么多钱，你怎么到现在还学不好”。而真正明智的父母在孩子守规矩这件事上，通常会与孩子达成良好的默契。家长的一个眼神或手势就能让孩子明白该干什么、不该干什么，从而避免了不必要的矛盾。此外，在学习这件事上，明智的父母通常会选择用温和的手段引导孩子正确面对学习上的挫折，用正面、积极的言语鼓励孩子勇往直前。

>>> 3. 有意识地增强孩子的精神力量。

在实际的家庭教育过程中，家长需要有意识地增强孩子的精神力量。为此，家长可以尝试从以下两个方面入手：①培养孩子爱读书的习惯。我们需要认识到读书是终身要做的事。这里的“读书”不是指学习文化课，而是和孩子一起阅读，让孩子在阅读的过程中感受到知识的力量，体会到知识的乐趣，从而培养孩子对知识的好奇、追求和渴望。②让孩子感受生命的力量。生命不是简单的一个过程，它有足够的力量，可以给人一种信心，给人一种感觉，给人一种美好。家长可以抽空带着孩子去感受日常生活的美好，让孩子走出家门，走向更广阔的天地，在大自然中感悟生命真实的力量。如此一来，孩子内心的美感也会在潜移默化之中得以培养，进而让孩子有更多的信心和勇气面对生活、学习上的困难。

当然，我们还有加分项——真情的陪伴，如带着孩子去郊游、运动、参加音乐会等。做到以上这些，我们基本上就可以成为高手父母了。

很显然，帮助孩子走出畏难的心理困境，需要父母与孩子的共同努力。首先，父母要以身作则，以更高标准规范自己的行为，在为孩子创设良好的成长空间的同时给予孩子足够的安全感；其次，父母在与孩子进行沟通的时候，要以正确而积极的态度倾听孩子的心声，给予孩子必要的尊重，拉近彼此之间的距离，并且在孩子求助的时候及时进行科学的引导和有效的干预；最后，父母还要有意识地培养孩子直面困难的勇气，增强孩子的内心力量，从而真正地提升孩子的自信心。

积极调适

——学习压力，合理归因

案例分析

健健放学回家后就闷闷不乐，也没有像往常一样马上乖乖做作业，而是把自己关在卧室里。爸爸推门看到健健趴在床上似睡非睡，随口说了一句："还不快做作业！"健健脸涨得通红，突然对着父亲喊起来："就知道骂，我再也不上学了！"爸爸问健健原因，健健却怎么都不肯讲，只是不停地嚷嚷。爸爸只好给健健的班主任打电话。通话之后得知，原来是因为健健最近的课堂表现很糟糕，无法及时消化老师所讲的内容。爸爸、妈妈将健健狠狠批评一番，并要求他挤进班级前十名。此后，爸爸、妈妈都会趁着在家的晚上，跟健健讲学习的大道理，讲自己辛苦挣钱养家的故事，希望孩子出人头地的愿望，然而，健健每次都是默默听着，一句话也不说。

爸爸和妈妈讨论后，决定咬咬牙为健健创造更好的学习条件——落户城里，转到城里最好的小学就读。转学后，健健的妈妈发现孩子变得更懒了，一回到家就看电视，再三催促下才磨磨蹭蹭地做家庭作业，而且速度很慢，很多题目都说不会做。经过与老师沟通后，健健的爸爸、妈妈才知道原来健健上课常常走神，学习态度很差，成绩更差，疑似出现了厌学症状。

经过分析，我们发现健健的父母与许多家长一样，在知晓孩子学习成绩退步的时候，内心非常着急，却没有意识到这一情况的出现与自己在孩子日常学习生活中监护责任的缺失有着密切的联系。直接劈头盖脸地连续问责，给孩子提要求、定目标，这对健健的成绩提升没有任何积极的帮助。在这样的状态下，自律能力、自学水平尚在发展阶段的健健从家长这里得到的恐怕只有无尽的压力，导致健健只能无奈地保持沉默。其实，健健之所以会出现上述问题，主要是因为受到以下因素的影响。

1. 成绩退步便产生逃避思想。

伴随成绩的退步，健健有越来越多的知识衔接不上，上课频频出现听不懂，练习不会做的现象。来自老师和同学异样的眼光，让对"获得尊重"需求日益增长的健健感到无所适从，他更迫切地想要提升学习成绩。这个愿望的迫切程度与学习压力的增长成正比，甚至到了要把他压垮的程度，所以健健出现了"异常行为"，产生了逃避的思想。

> >> 2. 没得到肯定便否定自我。

当学习不好的同学在老师那儿得不到适时的表扬和赞美，又感受到同学们的奚落和家长的不满时，他们会逐渐产生失落感，会否定自己的一些行为和想法，慢慢不相信自己的能力与水平，也越来越不自信，此时，自卑感就慢慢占了上风，不安、孤独、离群等情感障碍也会随之而来。

> >> 3. 用逃避来掩盖差距。

在这个案例里，“城里最好的小学”教学质量肯定不差，健健的家长只看到了这个学校里更优秀的教学条件，却没有看到本来“好几科成绩倒数”的健健与身边优秀同学之间的成绩差距。当健健发现自己距离想要的“基本尊重”越来越远时，躲避便成了健健让自己压力没那么大的唯一方式，哪怕背上“厌学”的帽子。

作为家长，我们应该正确认识孩子的成长和发展，主动给予孩子应有的肯定和支持，帮助孩子找到有效克服困难和挫折的方法，让孩子找回学习的信心，从而获得更大的成功。

了解孩子

根据孩子在五年级的成长规律，我们可以清晰地了解到五年级孩子的心理健康教育和学习目标，这主要包括以下五个方面的内容：①增强学习技能训练，培养良好的智力品质；②树立学习苦乐观，激发学习兴趣、求知欲望，引导孩子养成勤奋学习的好习惯；③培养正确的竞争意识；④鼓励参与社会实践活动，提高做事情的坚持性；⑤建立积极进取的人生态度，促进自我意识发展。

结合上述案例，我们发现在一至五年级的习惯养成阶段中，孩子初步形成了上课认真听讲、课后按时完成作业的习惯。由于五年级的孩子自制能力和自主学习能力尚在发展阶段，案例中家庭监护的缺失又给了电视、游戏等多种因素影响孩子专心学习的机会，导致孩子出现了学习成绩和行为习惯退步的现象。此时，家长需要帮助孩子缓解学习压力，明晰问题根源，找到解决办法，引导孩子找回学习的自信，从而真正感受学习的乐趣。

进入五年级，孩子面临着更大的学习压力，心里不免会感到紧张、不安。对这一阶段的孩子来说，适度的放松能帮助他们有效调整自己的状态。因此，家长不应该总是让孩子处在“高压”的学习状态，而应该注重劳逸结合，从而得到更好的学习效果。为了更全面地把握五年级孩子的心理健康情况，家长需要走进孩子的内心，倾听孩子内心的声音。

1. 我需要你们的关心、理解与鼓励。

我想对我的爸爸妈妈说，一个人在压力过大时，需要的是关心、理解与鼓励，而不是一味的指责。成年人是这样，我们这些未成年人更是如此。动作慢这个缺点我可以改，但请你们多考虑一下我的感受，给予我更多的空间。

2. 太大的学习压力会降低我的学习热情。

我知道您很爱我，但是您爱我的方式我接受不了。您每天给我布置很多的额外作业，让我常常写到深夜。虽然我知道您布置那些额外的作业是想让我的成绩有所提高，但是这让我对学习多了一份反感的心理。我都快被学习压得喘不过气来了。

》》 3. 劳逸结合可以让我更好地学习。

我有个好习惯，就是要一口气做完所有的事情才休息。有时候，我自己也感觉很累，但是就像患上了强迫症，心里装着一件事，老是焦躁，妈妈教会了我劳逸结合。通过合理安排时间，我不仅可以保持愉悦轻松的心情去完成每一件事，而且提高了做事的效率。我特别感谢我的好妈妈。

实施指南

对很多孩子来说，现阶段的重要任务就是学习。由于学习压力不断增加，孩子常常会有沉重的心理压力。因为学习压力而陷入痛苦的孩子更是屡见不鲜，其中不乏成绩优秀的孩子。通常来说，孩子之所以会觉得学习压力大主要是因为孩子自己对学习现状的不满，以及受到自己与同学之间不恰当的竞争影响。此外，由学习压力大所引起的考试焦虑、厌学等情况也时有发生，有的孩子甚至还会出现一些伤害自己的行为。这些现象大多集中出现在期中和期末两个时间段。为了更好地帮助家长解决问题，专家提出了如下建议。

◆ 策略一：密切关注孩子的成长需要，及时为孩子提供帮助。

随着孩子不断成长，家长不难发现孩子的表现会影响到周围人的看法。于是，家长开始按照自己的意愿给孩子提各种要求，并做出各种评价，如果不满甚至还忍不住对孩子训斥和打骂。在这样的情况下，孩子会失去安全感，主要表现为做事前焦虑紧张，失败后抑郁，情绪低落。为更全面地给孩子鼓励和支持，家长不妨为孩子设立一个特殊的奖项，叫“失败奖”。

一次考试，晓东语文只考了67分，他很忐忑地拿给妈妈看，妈妈知道他的内心很不安，于是打开卷子浏览了一下便说：“孩子，还不错，对的题比错的多。”晓东愣了，吃惊地看着妈妈，只见妈妈冲他微笑地点了点头。他小声说：“妈妈，我同桌说，她要是考了这么点分，她妈妈就打死她了。”晓东妈妈说：“放心吧，妈妈最爱的永远是孩子，而不是分数。”看晓东点头，妈妈又继续说:“妈妈陪你看看那些错题好不好?”晓东松了一口气，爽快地答应了。第一遍，他把错题中自己会做的题改正了，晓东的妈妈看了看，能得80分左右；第二遍晓东妈妈陪他把每一道还没有做出的题读三到五遍，他又做出了一部分题目，再看试卷，只有一两道题不会，晓东的妈妈趁机帮他查书本讲解，他听得很认真，最终把题目都做对了。一看时间，一个半小时过去了。晓东的妈妈很高兴，说：“宝贝儿，你真棒！你今天能够做到把自己会做的题改好，还把不会的题有耐心地读好几遍，又做出好几道，最后还那么有耐心地听妈妈讲完题，为了这三点，我今天要给你一个奖励，100块钱以内的玩具随便挑！”晓东带着怀疑又兴奋的心情跟妈妈冲向了商场，最后还得到了买一赠一的好处：牛排大餐一顿！从此在家庭内部设立了这个奖项——“失败奖”。

在这个案例中，晓东妈妈知道晓东因为有了这个奖项而不会感到害怕与焦虑。在这一次经历之后，即便未来遇到再大的困难与挫折，孩子也会静下心认真分析与思考，不会让自己被任何困难打倒。“失败奖”的背后是无条件的爱和欣赏的力量！

◆ 策略二：教给孩子一些自我减压的办法。

常言道：“授人以鱼不如授人以渔。”作为家长，我们可以教孩子一些自我减压的办法，让孩子学会在日常生活中合理调节压力、调整心态。

1. 自我减压法。

面对学习而产生的种种心理上的问题，家长可以通过以下方式帮助孩子完成自我的调解。

①重视孩子的学习过程，和孩子一起制定力所能及的目标，引导孩子享受达到目标的快乐。

②指导孩子有效地分配时间，然后逐步完成，阶段性的成果可以适当减少因同时展开多份任务而又无法完成所带来的压力。

③和孩子一起进行适当的体育锻炼，既可以强健身体，又可以缓解压力。

④在孩子遇到困扰或情绪低落的时候，帮助孩子找到可以有效改善情绪的办法。比如，与家人或朋友倾诉，即通过与同学、朋友沟通，获得支持和关怀；或者通过听听音乐、看看电视剧等方式，自主调节情绪。

⑤引导孩子保证充分的睡眠，这不仅对舒缓绷紧的神经至关紧要，而且对孩子的身体发育尤为重要。

⑥引导孩子养成持之以恒、平衡有序的生活习惯，不做“书呆子”，主动指导孩子感受美食，并且通过参加户外活动或发展个人兴趣，真正感受成长的无限乐趣。

2. 积极应对病症的心理调适。

如果孩子在面对学习压力所造成的种种生理上的不适时，家长可以尝试借助以下办法，帮助孩子缓解自身的心理压力。

①头痛：以拇指轻按太阳穴、眉头或耳背等部位，再以画圆法轻轻按压。

②肌肉痛楚（如肩部及腰部不适）：可做一些简单的伸展动作，坐直身子，放松肩部，两手放背后，十指互扣然后用力向后拉，如此这般重复多次。

③胃痛：因耽误进餐时间引起胃痛，可喝一点温牛奶，这个时候千万不要喝茶或咖啡等刺激性饮料。

④便秘：如果偶尔出现便秘的现象，那么不妨尝试着每天早起10分钟，然后先饮一杯白开水，相信会有一定帮助。但若情况依然没有好

转，须及时到医院就医。

⑤失眠：选一个能承托颈肩弯且软硬、高度适中的枕头，睡眠会更为舒适。此外，播放一些调子抒情的音乐，或如海浪、雀鸣等大自然的声音，有助于使紧崩的神经松弛下来。如果读外语有催眠的效果，那么也不妨试试。

◆ 策略三：适当进行抗压训练，提高孩子的抗挫能力。

作为家长，在思考如何让孩子减少压力的同时，我们还需要教导孩子在遇到挫折的时候应该如何正确地应对和处理。而这种处理压力的能力是在孩子很小的时候就可以培养的。因此，家长可以根据孩子的具体情况与能力，选择适合的抗压训练方式，逐渐让孩子在成长过程中具备一定的抗压能力。比如，家长可以陪同孩子参加一些团体竞赛类的户外拓展活动，鼓励孩子通过完成各种实践项目获得更多的成就感。在这个过程中，孩子也许会遇到一系列问题与挫折。但只要有家长的支持，孩子就一定能跨越障碍、克服困难。久而久之，孩子的抗压能力也会随之提高。

作为父母，我们要认识到压力是生活中的一部分，要时刻保持一颗平常心。在孩子面对压力的时候，我们要用温情温暖孩子弱小的心，对孩子进行正确的引导，避免让压力给孩子造成心灵上的创伤，并且通过日常相处主动教会孩子调节压力的方法，让孩子有策略地提高自身的抗压能力。父母不能一辈子呵护孩子，孩子也不能一味躲在父母身后。在家庭教育的过程中，我们要做勇于承担教育责任的父母，让孩子有足够的力量独当一面，成为更优秀的人。

正面疏导
——合理使用网络学习资源

案例分析

小强原来是一个聪明机灵、听话乖巧的孩子，学习成绩很好。小强的父母工作非常忙，无暇顾及他，家里的日常生活基本上交给小强的外婆照顾。在升入五年级后，他的父母觉得工作太忙无法帮孩子查资料，就在家里安装了宽带。在接触网络之后，小强觉得很新奇，一下子就被网络吸引住了。一有时间，他就泡在网上，但极少主动查找资料，更多的时间则用于看动漫和玩游戏，晚上等家里人都休息了，他还会偷偷爬起来继续玩通宵。周末几乎不出门，他骗外婆说要在家学习查资料，实际上是在房间里打游戏。

过了一个学期，小强的视力下降得很厉害，上课经常打瞌睡，学习成绩也出现了严重下滑。他的精神状态也不如以前，脾气很暴躁，动不动就生气，几乎不主动参加学校社团活动，和同学们交流的内容大多都是围绕怎么升级、打怪等话题。小强越发地认为读书没意思，只想成为电子竞技职业选手。为此，班主任经常打电话与家长沟通，小强的父母在了解情况后，决定对他进行严格管制：只要小强在家，爸爸或妈妈尽量保证至少有一人在家陪伴他；由爸爸陪同小强一起参加班级足球训练班的周末训练；父母陪同小强报名参加网校思维训练课程学习等。除此之外，老师也主动给予帮助：班里的韦老师利用计算机专业的特长，帮小强分析成为职业电竞选手的条件与要求、目前国内大学电竞专业发展前景与趋势等，让小强正确认识到玩游戏与电竞职业的区别；安排小强担任语文科代表，每天负责给同学们安排听写、默写任务，给同学检查作业等。

经过大半个学期的调整，小强的学习、生活状态有了明显好转：小强不但能主动积极地完成老师布置的学习任务，还会利用空余时间辅导同学。此外，他还参加男子足球队训练班，担任班级足球赛的主要成员，与老师、同学、家长的关系也更融洽。

经过分析，我们可以看到小强因为过度沉迷于网络，所以出现了视力下降、成绩下滑、精神恍惚等问题。小强之所以会上网成瘾，主要是因为他与家长相处的时间少，而且自身的甄别信息能力较弱。不过在父母和老师的共同帮助下，小强成功戒掉了网瘾。结合小强的案例，家长可以在日常生活中做到以下几点，以便有效地避免孩子上网成瘾。

1. 增加亲子相处的时间。

很多家长因为工作忙而没时间管教孩子。于是，家长便将孩子交由家里的长辈照顾，使得家长和孩子的相处时间变得越来越少，导致家长无法实时关注孩子的情况。在这种状态下，孩子很容易就被网络等新奇事物所吸引。此外，五年级孩子分辨是非的能力还比较弱，极易陷入其中、难以自拔。增加亲子相处的时间便于家长及时了解孩子的现状。当孩子的生活出现了网络等具有两面性的事物时，家长可以及时进行科学的引导和有效的干预。

2. 帮助孩子了解真实的网络。

五年级的孩子沉迷于网络大多是因为动漫和网络游戏具有真实世界无法比拟的乐趣，更是因为缺乏对网络世界的正确认识。为此，家长应当给孩子科普正确的网络常识与现状，从而帮孩子走出虚拟的网络世界。相信在家长的正确引导下，孩子能更理性地面对网络世界，并且养成科学上网的好习惯。

3. 分散孩子精力，转移其注意力。

五年级孩子的注意力很容易被新事物所吸引。当发现孩子沉迷于网络时，家长可以像小强的家长和老师一样，及时转移孩子的注意力，让孩子在社会实践中找到更多的乐趣，从而真正激发学习的动力。

父母缺乏对孩子的关心、关注和督促，很容易导致孩子甘愿沉浸在网络世界中，以寻求心灵的慰藉。在发现孩子出现沉迷于网络的情况后，家长需要及时采取措施，帮助孩子正确认识和使用网络，也让网络真正成为帮助孩子成长的好工具。

了解孩子

进入五年级，孩子虽然身体发育较快，但心智发展还不成熟，这就造成了他们身心发展的不平衡。这个时期的孩子有着强烈的好奇心，对新鲜的事物充满了探索欲，也敢于向新事物挑战，但辨别是非和自控的能力仍比较弱，容易被信息繁杂的网络世界所影响，甚至会因此走上消极的道路。作为家长，我们需要给予孩子正面的疏导，帮助孩子规避网络带来的不良影响。为此，家长需要明确孩子在这个阶段的成长特点。这主要体现在以下几个方面。

一、渴望与他人交流，重视自己内心的需求。

父母在给予孩子良好物质生活的同时，又会因为工作繁忙而忽略孩子内心的真正需求和心理状况。由于亲子之间缺少交流与沟通，孩子内心感到孤寂，便会到网络世界中寻找快乐和刺激。比如，孩子希望在网络游戏中获得自信与成就感；或者希望通过 QQ 和微信等聊天工具，尽情地和陌生人谈天说地，而没有任何的顾忌与压力。此外，有的父母不愿意听从孩子的意见，只会使用家长的权威压制孩子，使得孩子更希望在网络的虚拟空间里满足自己内心的需求。不管是粗暴的压制，还是百般宠爱的过度放任，都很容易导致孩子选择沉浸在虚拟的网络世界里。另外，由于孩子现阶段的自控能力不足，他们无法自觉抵制网络的诱惑而会深陷其中，以致成瘾。

二、内心敏感且脆弱。

著名心理学家弗洛伊德认为："游戏过程可以补偿现实生活中不能满足的愿望，发泄在现实中不被接受的危险冲动，逃避现实的强制和约束。"在这个阶段，孩子的内心通常较为敏感且脆弱。一旦在交际或学习上受到挫折，孩子便会很容易对现实感到灰心、失望，并以逃避现实的态度沉浸在虚拟的网络世界里。

三、希望得到他人的关注和认可。

对五年级的孩子来说，虚拟的网络世界更容易让他们获得他人的关注与认可。比如，每当孩子玩网络游戏顺利过关时，系统就会及时发出"你真棒!"等带有鼓励作用的话语，随之还有升级或者打赏的奖励。如果失败了，系统会说："没关系，再来一次!"然而，在现实生活中，当孩子取得了一定的成绩，有多少父母能及时给予鼓励、表扬和奖励？很多父母会不重视孩子取得的进步，还会经常拿自己的孩子跟别人家的孩子做比较。事实上，家长对孩子有着很高的期望是好事，但没有意识到过高的期望与严苛的要求会在无形间给孩子带来更大的压力。

当孩子获得进步而又得不到父母的关注和认可时，或者自己在学业上遇到了困难，却没有得到父母及时的帮助时，孩子会没有足够的勇气和信心面对现实世界，容易在人生发展道路上迷失，找不到前进的动力。与此同时，游戏的魅力就会显得越来越大：一方面可以实现在真实的生活中不能满足的愿望，另一方面还可以发泄在现实中不被接受的冲动，让孩子得以逃避现实的强制和约束。

作为家长，我们需要清楚地认识和掌握孩子在五年级的成长特点，关注孩子的思想变化，给予孩子及时的认可和鼓励，让孩子在懵懂的成长时期深切地感受到父母的重视，而不应该当起"甩手掌柜"，让孩子陷入更迷茫的困境。

进入五年级，随着年龄的增长以及身心发育不断完善，孩子更加重视自己内心的需求，渴望得到他人的关注与认可。接下来，让我们听听孩子内心的声音吧!

1. 请相信我，我有自己的学习计划！

爸爸妈妈，请相信我能够管理好自己的学习以及娱乐时间。我做了一张详细的学习计划，上面已经写明了什么时间该做什么事情。我会在学习的时间里认真学习，在休闲的时间里开心地玩，这样既不会影响学习读书，也不会沉迷于网络游戏。我会好好地安排学习与娱乐的时间。爸爸妈妈，请你们放心吧。

2. 请放心，我可以管理好自己！

爸爸妈妈，我已经11岁了。我知道手机和网络只是我们学习的辅助工具，请你们相信我可以管理好自己。我会做好自己的规划，并且保证每周上网的时间不会超过两个小时。我不会随便点击来路不明的网址，而会选择阅读更多正能量的信息，减少负面信息的影响。同时，我还会动静结合，加强运动锻炼，不让自己的视力受损。

3. 请关注我，我也想拥有快乐的业余时间！

一开学，妈妈就把平板电脑和电视遥控器收起来。就算把作业全写完了，我也只能闷坐着。一是爸爸妈妈都很忙，没时间陪我玩；二是我书架上的书早就看过好几回了。因此，我想要向妈妈申请一个合理的娱乐时间。毕竟适当地上网、观看电视节目等娱乐活动既能拓展我的视野，又能丰富我的知识。我不想让我的时间在无趣中度过。

实施指南

网络是一把双刃剑，关键是如何让网络为我所用。成年人尤其是家长应如何正确引导孩子上网，趋利避害，让广阔而纯净的网络世界给孩子带来更加丰富的知识和能力，给予孩子更多的收获与快乐，这是现代家庭和社会必须关注的一个重要问题。为了让孩子正确地上网、有效地利用网络资源，家长可以尝试做到以下几点。

◆ 策略一：正视“谈网色变”。

同现实社会一样，网络也不是一片净土。由于年龄和社会经验限制，孩子很难自主抵御网络空间的影响以及网络垃圾所带来的侵扰。最近几年，“社会网吧”对未成年人的伤害有目共睹，如浏览黄色网站；“网聊”引发刑事案件；曾经发生过因沉迷于玩网络游戏而荒废学业，甚至因过度上网而猝死等事件。网络对未成年人具有极大的吸引力，孩子们的家长真是“谈网色变”。社会各界对此也议论纷纷，有的喊“堵”，有的叫“停”，还有的说“疏”。对于青少年上网的问题，家长主要有以下三种观点。

观点A：“让孩子上网会毁了他！”

观点B：“不让孩子上网会耽误他！”

观点C：“指导孩子上网帮助他！”

对于孩子是否应该接触网络的问题，家长的处理方式也各不相同。

1. 害怕逃避型。

“现在网上什么东西都有，万一孩子看了他不该看的东西，那该怎么办？我们还是不给孩子上网为好。”

》》 2. 放任自流型。

“我的孩子经常在电脑前一坐就是几个小时，好像被磁铁吸住一样，拉都拉不起来”“我每天忙着工作，完全没有空管孩子。只要他不离开家就行，随便他玩了。”

》》 3. 科学理智型。

“我的孩子今年11岁，我允许他玩电视游戏、电脑游戏，也会指导他正确上网。我认为网络与生活联系密切，不能禁止孩子使用，但是要加以引导，并且还要有时间限制。作为家长，我们在孩子上网这个问题上要像大禹治水一样，重在科学的引导。一味的排斥对孩子的成长和发展没有好处。”

通过梳理以上观点，我们可以得出以下结论。

①不同教育程度、不同社会阶层的家长对网络的认识不同。有的家长害怕给孩子上网，因为网络充斥太多的信息。孩子接触网络之后，很可能就会影响学习。而有的家长对孩子上网完全不进行任何限制与干预。当然，有的家长还是能引导孩子合理认识网络、科学使用网络，为学习和成长助力。

②理性认识孩子对网络的钟爱之情。现在是高速的信息化时代，每个人都希望能通过网络更快、更多地接收和理解信息。

因此，家长需要走出认识的误区，正视网络。为此，我们需要有统一的认识，即孩子上网一定要经过家长的正确引导。只有这样，孩子才能真正地科学上网，并让网络成为自己快乐成长的助推器。

◆ 策略二：主动了解网络学习的优点。

》》 1. 接受学习方式的变革。

网络的便利性可以突破传统教育和传统学习在空间、时间、受教育年龄和教育环境等方面的限制，最大限度地满足学习者的自主性、灵活性和个性化的要求，极大地优化了我们的学习方式。鉴于此，家长需要主动接受学习方式的变革，并以此助力孩子的学习和成长。

2. 正确认识学习的泛在化。

泛在学习（U–Learning），指的是无时无刻的沟通、无处不在的学习，是一种人们可以在任何地方、任何时刻获取所需信息的方式。也就是说，我们可以利用信息技术给孩子提供一个可以在任何地方随时使用手边可以取得的科技工具进行学习活动的4A（Anyone，Anytime，Anywhere，Anydevice）学习方式。随着科学技术不断发展，无线网络存在于我们日常生活的每一个角落，如工作场所、家里、餐厅、宾馆、商场等。与此同时，联网设备也发生了巨大变化。我们可以用笔记本电脑、智能手机、平板电脑等设备随时随地连接网络进行在线学习。因此，家长需要正确认识学习的泛在化，引导孩子在网络信息化时代获得更多的学习动力和成就感。

3. 正确对待学习软件和平台的丰富性。

如今，网络的学习资源非常丰富，形式也多种多样。在线教育主要是通过向学习者提供在线的直播授课和网络点播资源。网校服务型平台的兴起和发展，不仅为孩子提供真实的一对一师生视频辅导交流，让孩子能够接受远程的教育辅导。因此，家长需要正确对待这些学习软件和平台的丰富性，并结合家庭和孩子的实际，科学合理地使用在线教育服务平台，为孩子的学习和发展增添动力。

◆ 策略三：与孩子一起借助网络来提升学习效率。

随着信息化进程不断加快，互联网已经深入人们工作和生活的方方面面。孩子则是最容易接受新生事物的群体，网络已成为孩子生活的一部分。作为家长，我们又该怎么做呢？

1. 主动接受上网是不可回避的趋势。

让未成年人“远离网络”大多只是权宜之计，这或许能帮家长解了燃眉之急，但长此以往不仅会造成网络信息资源的浪费，而且会影响这些远离信息时代而成长起来的青少年的素质培养与心理健康。有个故事说：一位哲人在指导年轻人如何走路时，一会儿说不能朝左，一会儿说不能朝右，却唯独没有告诉年轻人到底该怎么走，结果年轻人还是寸步难行。由此可见，家长不应该完全抵制网络，而应该让孩子适当地接触网络。比如，为孩子选择一些内容健康、知识性和趣味性强的网站、电子游戏；让孩子在规定时间内学习网络知识，以便通过上网查阅资料，自主地解决学习过程中遇到的问题；让孩子通过网络来增加与同龄人之间互相交流、沟通，并且通过适当地参与网络游戏，有效地缓解紧张的情绪。家长只有主动采取正确的措施积极地引导孩子科学上网，才能促进孩子的成长。

家长对孩子的监督是有限的。尤其工作繁忙的家长总是早出晚归，也许只有周末才能与孩子说上几句话，而孩子活动的空间主要还是学校和网络，交流的对象也是以同龄人为主。因此，家长需要明白上网是趋势，引导才是关键。

2. 尝试与孩子一起上网冲浪。

对家长来说，网络的发展比过去的电视、录像更加迅猛且快捷。可以说，网络几乎渗透了我们生活的各个角落。许多家长只是通过新闻媒体了解到很多与上网有关的负面新闻，而很少能静心思考网络是什么、网上有什么、网络能为我们做什么等。其实，负面新闻的出现在一定程度上是因为家长未能充分认识和理解现代信息技术，没有真正引导孩子合理使用网络，从而导致涉世未深的孩子误入歧途。

网络不是洪水猛兽，家长需要主动学习、了解网络，担负起指导和监督孩子的责任，让孩子健康、科学地接触网络。因此，我们不必如临大敌般反对孩子上网，这样只会给孩子造成一种神秘感，促使他们抱有更强的好奇心，一不小心就会把他们推向更为危险的境地——网吧。作为家长，我们可以让孩子和我们一起上网，并且主动给孩子传授正确的网络知识，引导孩子科学地上网，有目的地培养孩子健康上网的意识，有针对性地提高孩子自我管理和控制的能力。

◆ 策略四：引导孩子正确上网。

在生活中，有的家长为了自己的娱乐而让孩子单独待在一边看动画片、玩游戏等。如此一来，孩子内心会感到非常孤独，同时也容易被不良动画或游戏中的内容所吸引，从而会在不知不觉中扮演动画或游戏中的角色来“小试一把”。久而久之，孩子也走上了沉迷于网络、动画的道路，甚至走上犯罪的不归路。经过分析，我们不难发现这些问题的出现主要是由于家长没有对孩子进行正确、科学的引导与干预。因此，家长应该努力从以下几点引导孩子正确上网。

》》 1. 帮助孩子树立正确的网络观。

在当今社会，网络技术是孩子必备的基本技能，家长应该鼓励孩子接触网络、使用网络，积极把网络当成便捷查找知识的有效工具。此外，网络的功能还有很多。比如，网络可以为人们提供许多娱乐游戏，满足人们在购物、通信、办公等方面的需求。可见，网络本身并不神秘，也不是一无是处，关键是人们利用网络时要保持好心态。在孩子的成长过程中，家长需要本着学习知识、获取信息的原则引导孩子上网，而不要因为网络游戏或其他一些与学习关系不大的因素存在而让孩子远离网络。家长应该积极引导孩子运用网络这个工具，解决一些生活中有实际意义的问题，尽量为孩子创造展示才能的机会，增强深入学习、掌握网络知识的信心。

》》 2. 引导孩子正视网络的危害。

长期沉迷于网络会给孩子带来许多潜在的伤害，这主要表现在以下几个方面：①影响视力。不管是玩手机还是看电脑，都是对视力有影响的。同时，电子产品的屏幕亮光会刺激眼球，容易引起视觉疲劳。特别是到了晚上关灯的时候，电子产品的强光会对视力造成不可逆的伤害。②致使人脱离现实社会。当一个人长期沉迷于网络，会逐渐失去与他人交往的能力，社交圈会越来越小，朋友也会越来越少。③影响身体的健康。如果一个人长期保持同一个姿势玩电脑或者手机，会造成严重的关节损伤，同时也会失去锻炼身体的时间，身体素质也会越来越差。作为家长，我们不应该刻意放大网络的危害，而应该引导孩子正视网络的潜在风险，教会孩子在使用网络时主动趋利避害，从而真正从网络中受益。

3. 以身作则，做孩子的好榜样。

无论是网络世界还是现实生活，家长都要为孩子做好行动的表率。要防止孩子沉迷于网络游戏，家长需要以身作则，有节制、有方法地使用网络，为孩子做好科学、合理上网的表率。如果家长自身就很沉迷于网络游戏，那又怎么能要求孩子不迷恋网络游戏呢？

延伸拓展

阅读推荐

为了更好地鼓励孩子追求有意义的学习方式，让孩子感受到学习的魅力，激发孩子的学习兴趣，我们挑选了以下书籍，可供家长们参考。

1.《童年的秘密》（著者：［意］蒙台梭利；译者：刘莹；出版单位：浙江工商大学出版社）。

理由及建议：作者在书中详细而生动地描绘了儿童的生理和心理特征。通过阅读此书，家长可以进一步了解孩子成长的秘密，走进孩子的心灵，进而培养良好的亲子关系。

2.《第56号教室的奇迹：让孩子变成爱学习的天使》（著者：［美］雷夫·艾斯奎斯；译者：朱衣；出版单位：光明日报出版社）。

理由及建议：本书站在教师的角度讲述孩子的教育，深入阐述了家庭教育与学校教育的不可分割性。通过阅读此书，家长可以有效地将家庭教育与学校教育结合起来，更好地促进孩子的成长。

> >> 3.《告诉孩子“网”向何方：戒网不如正确上网》（著者：马雷军；出版单位：中国经济出版社）。

理由及建议：本书一针见血地论述了时代发展与孩子上网的必然联系，以及网络对孩子身心健康成长的作用与危害，并且从家庭、学校、社会、孩子自身等四个角度提出了正确上网的科学建议。通过阅读此书，家长可以运用书中介绍的方法和技巧，有效引导孩子上网，让孩子科学、合理地使用网络。

> >> 4.《优质父母教养实践指南》（著者：[美]艾丽卡·雷斯切尔；译者：王培；出版单位：北京联合出版公司）。

理由及建议：这一本深受父母和教育工作者喜爱的教育实践指南。心理学家艾丽卡·雷斯切尔总结归纳孩子成长和认知科学的研究成果，以简洁明快的文字，将教育原则与实践案例、实用窍门、教育工具和策略相结合，简明介绍了教育子女的主要原则，解答了众多一直困扰父母的教育问题。通过学习书中的75条原则，家长可以有效地帮助孩子纠正的不良行为，积极建立良好的家庭关系，并通过正确的教养方法，不断提高孩子的社会交往和情绪管理能力，引导孩子成为幸福、友善和有责任感的人。

评估改进

一、自我评估

您在日常生活中的实际情况与下面列出的表现是否相符？若相符，则选“是”；若不相符，则选“否”。

	是	否
① 在与孩子沟通时，您是否能全神贯注地倾听孩子的想法，并引导他说出心里的感受？	□	□
② 当孩子在学习上遇到困难时，您是否会鼓励孩子用课外资源解决问题？	□	□
③ 与孩子解决问题时，您是否会鼓励和激发孩子的动力？	□	□
④ 您是否会允许孩子适当上网，引导孩子有限度地使用网络？	□	□
⑤ 您是否时常抽时间陪伴孩子，让他感受到您的关爱？	□	□
⑥ 当孩子上课不能专心听讲时，您是否主动与孩子共同分析原因，并寻找解决问题的办法？	□	□
⑦ 当孩子不想写作业时，您是否会指导孩子突破作业难点，帮助孩子找回自信，享受成功？	□	□

【评估参考】

如果您选的“是”比较多，说明您能主动引导孩子找到积极、有效的学习方式，懂得激发孩子的学习动力，促进孩子的学习；反之，则说明您对孩子的学习关注度不够，需要您根据选择了“否”的选项内容，结合孩子的特点，积极帮助孩子找到合适的学习方法。

二、改进计划

亲爱的家长，您好！阅读本专题后，您应该对如何引导孩子追求有意义的学习方式有了更深入的了解。下面请您结合实际，写出自己的改进计划，并逐步完成。

五年级下册

第四专题　正确处理交往中的冲突

歌德曾说过："无论是国王还是农夫，只要家庭和睦，他就是最幸福的。"家庭和睦需要家庭成员真心投入，彼此互相鼓励、互相欣赏、互相支持、互相关爱、互相体谅。和睦的家庭关系能给每一个家庭成员带来温暖、带来快乐、带来健康、带来智慧、带来前进的力量，特别是能为孩子更好地成长提供良好的环境。

到了五年级，随着社交圈的不断扩大，孩子在与人相处的过程中难免会出现冲突。此时，作为家长，我们不要一味地责骂孩子，或者对孩子讲很多的大道理，而应该主动站在孩子的角度，引导孩子正确看待交往中的冲突，教会孩子正确处理人际关系的小技巧、小妙招，让孩子真正懂得自我调节、趋利避害。

包容肯定

——以豁达的心态，包容孩子的不同观点

法国作家雨果有过一段很恰当的比喻："世界上最宽阔的是海洋，比海洋更宽阔的是天空，比天空更宽阔的是人的心灵。"宽阔的心灵能包容万物。作为家长，应当有豁达的心态，要学会包容孩子的不同观点，肯定孩子合理的意见。

案例分析

有一次，班里有个女生的家长来学校和老师交流孩子玩手机游戏、和同学聊微信的事。妈妈一到办公室就非常地伤心："孩子不听话呀！我说什么都不听，还总是跟着我犟嘴。我辛苦为她，她就是不懂事。给她买个手机，她竟然背着我玩游戏，和同学聊天。手机是给她上学路上用来报平安用的。"妈妈对孩子使用手机的事一直在控诉。而孩子哭着反复说："玩游戏是在学习以后，放松一下；聊天是因为我们有小组学习的任务，在和小组成员交流。"

听着妈妈和孩子的哭诉，老师一时不知该怎么劝解。孩子并未沉迷于游戏，使用微信也是在正常地交流。但是妈妈的担心也并不是没有道理，网上的世界过于纷乱，害怕孩子沉迷玩手机也是可以理解的。

对于这样的情况，不同的家长会有不同的做法，让我们一起来看看。

1. 高要求、低回应的父母。

这一类父母要求孩子无条件地严格遵守他们的指令和规矩，会对孩子的不服从进行惩罚，且拒绝解释定规矩的原因。如果孩子问，他们就会说："我的要求就是理由。"面对孩子使用手机的问题，这类家长首先会批评、惩罚，然后没收孩子的手机。当孩子真的需要用手机和同学交流时，却因为父母的阻止而无法做到，这时孩子与父母的心理距离会越来越远，关系会越来越紧张。

2. 高要求、高回应的父母。

这一类父母也会为孩子的行为设定明确标准并监控其执行，不过他们比"高要求、低回应"的父母更民主一些，他们会回应孩子的要求、情感、问题。如果孩子没能达到父母的期望，这类父母会帮助他们，而不是一味惩罚。这类父母有主见，但不是限制孩子的行为，他们的教育方法是支持性而非惩罚性的。他们希望自己的孩子也有主见、负责任，并能自我调节。遇到案例中的事情他们会先肯定孩子正常使用手机的需求，再对上学的孩子提出一些合理使用手机的要求，或许会和孩子讲解一些孩子沉迷于手机导致在学业上失败的案例。

3. 低要求、高回应的父母。

这一类父母对孩子要求很少。他们很少管教孩子，尽力为孩子提供帮助，避免对抗，有时也被认为是溺爱孩子的父母。这类家长同孩子沟通很多，在孩子面前会扮演朋友的角色，会告诉孩子“可以玩，但要注意时间”。

4. 低要求、低回应的父母。

这类父母会满足孩子的基本需求，但对孩子的生活处于不闻不问状态。他们会忽略孩子使用手机这件事，没有注意到孩子的变化，直到孩子沉迷于手机却依然无动于衷，让孩子自己独自承担玩手机的后果。这类家长对孩子过度“放养”，缺乏对孩子进行教育的意识，既没有明确的教育要求，也没有回应孩子的需求，这不利于孩子的成长。

总之，每一个孩子都是独立的个体，都有自己的思想感情。父母应多关注孩子的想法、感受、情绪，对孩子多鼓励、支持、引导和包容，而不是一味地质疑和指责或是完全忽视孩子。做有智慧的父母，帮助孩子健康成长。

了解孩子

随着年纪的增加，五年级的孩子会产生强烈的独立自主意识，但是在很多事情上他们还无法做出正确的判断，因此需要父母积极的引导。父母要用一颗开放包容的心去看待孩子的行为，并对孩子的不当行为做及时地修正。下面我们先来了解这一阶段孩子的教育需求。

一、孩子的成长需要独立自主。

在孩子的成长过程中，家长的陪伴及帮助是必要的。但是，无论是在学习上，还是生活中，孩子都需要学会独立。如果家长为了让孩子按着自己的想法走，过度地介入孩子的成长，那么孩子将会没有主见，没有想法。相反，过度地放手又会使还处于成长阶段的孩子无法辨别对错。

作为家长，我们应全面了解孩子的性格特点，以适当的方式引导孩子，培养孩子的独立意识。

二、孩子的成长需要试错。

孩子在成长过程中，对各种事物都是好奇的，他们的是非观并不成熟，犯错在所难免。当孩子犯错时，家长需要给予孩子更多的理解与包容。犯错并不可怕，孩子可以在一次次的错误中得到历练，得到成长。如果家长一味地限制孩子的行为，事实上是变相地限制他们的成长。家长不让孩子犯错，这并不是教育孩子的好方式，应该多听听孩子的心声，多让他们去尝试。

三、孩子的成长需要尊重。

一些家长的强迫行为，无论是在思想还是行动上都是对孩子的不尊重，这不仅不利于孩子的身心成长，还会阻碍孩子发展其无限的可能性。很多家长都是以这样那样的借口强迫孩子做不喜欢的事，这是以爱的名义在伤害孩子。聪明的家长不会过多地去干涉孩子的选择，因为孩子能开心、健康地成长是最重要的。

过度的教育、过度的干涉、过度的保护会阻碍孩子的进步与成长。家长对孩子的理解应多于期望，尊重孩子，包容孩子，走进孩子的内心，了解孩子真实的想法。

1. 希望爸爸妈妈多一些包容，可以吗？

爸爸妈妈，虽然我只是个小孩子，但我也很懂大人的心。你们是想让我懂事、聪明一点，但也要给我一点自由，我会听话懂事的。只求你们肯多听一听我的心里话，多一些包容。

2. 请允许我成为我自己，好吗？

爸爸妈妈，望子成龙、望女成凤或许是你们的期望，但是你们对我的要求太高了，对我的学习管得太多了，这会让我失去自己的兴趣，失去对生活美好的向往。爸爸妈妈，放手吧，放开我的翅膀吧！让我拥有一个独立成长的空间，相信我一定会展翅飞翔！

3. 互相包容，互相理解，我们都会变得很优秀。

相信爸爸妈妈一定是为我着想的，也相信第一次做父母的你们都是为我好。我希望我们能互相包容，互相理解。我有事情也会和你们沟通交流，让我们共同努力！

包容是一种虚怀若谷、兼容并蓄的胸怀和气度，是一种团结协作、共存共赢的意识和理念。孩子的成长进步，需要家长有开放包容的教育智慧。

实施指南

其实，孩子能感受到父母对他们的爱，也不想违背父母的意愿。在人生路上，孩子会遇到各种各样的困难，非常需要父母的理解、包容、支持。如果父母能在孩子身上找到闪光点，及时地给予孩子鼓励，那么这一点光亮也许就会成为孩子成长路上的灯塔；如果父母能在孩子无法选择的时候，给予他们建议与支持，那么孩子就会变得勇敢、果断，有想法；如果父母能在孩子做错事后，站在孩子的角度与孩子共情，去开导、理解他们，那么孩子的自尊心将不会被打击。为了让孩子健康地成长，作为父母，我们不妨试试以下几种策略。

◆ 策略一：善于抓住时机。

家长对孩子进行教育的时机是很重要的，需要学会抓住时机。当孩子做了某件事之后，家长应及时抓住时机教育，这样就容易让孩子明白自己是因为什么而被表扬或批评的。

◆ 策略二：注重过程和结果。

家长在教育孩子的时候，可以说明自己是因为什么样的事情而教育。除此之外，家长在教育孩子的时候，还要关注孩子做事的过程。只有让孩子意识到自己做某件事时自己的决定或举措会带来什么样的结果，家长的教育才能更加事半功倍，也更容易被孩子接受。

◆ 策略三：主动包容孩子。

当孩子在做错事后，我们要学会包容他们，而不是一味地指责他们。失败后适当地鼓励一下他们，这样可以保证他们的自尊心不会受到太大的打击。只有家长主动地包容孩子，适当地鼓励和支持孩子，孩子才会更有勇气朝着更好的方向去努力。

◆ **策略四：学会站在孩子的角度去理解和鼓励他们。**

作为孩子，他们可能会因为做成一件小事而感到自豪，有成就感。对于孩子这样的心理，一些家长也许无法感受得到。家长要学会站在孩子的角度去理解和鼓励他们，这样可以更好地帮助孩子自我激励，用他们心中的成就感和自豪感去促使自己不断进步。

总而言之，在陪伴孩子成长的道路上，家长需要给予孩子充分的信任、尊重、支持，要学会站在孩子的角度去鼓励孩子，帮助孩子建立自信，帮助孩子不断进步。

化解冲突
——让孩子在矛盾冲突中成长

案例分析

某日中午下班的时候，正准备骑车回家的班主任被两个小姑娘拦住了，她们眼眶红红的："老师，小静让她姐姐去我们家门口守着我们……"事情听上去挺严重的，班主任赶紧问："怎么回事呢？"俩小姑娘哽咽着继续说："老师，我们和小静本来是好朋友，可是她脾气总是阴晴不定，所以我们就不和她玩了。因此，她就让她姐姐去我们家门口守着。"第二天上课前，班主任和小静聊了聊："这是怎么回事呢？"孩子显得特别无辜："没啥事呀，就是她们不和我玩，我去问问什么情况。""为什么同学之间的关系，还要让姐姐插手呢？"班主任继续问。"因为我想让我姐姐帮我跟她们说，'不要不和我玩'。"小静始终没有认识到自己的问题。

五年级的孩子经常会为了一点小事而跟同伴发生争执。遇到冲突的孩子有时只能站在自己的立场上，而不能站在别人的角度来考虑问题，也不能认同和接纳别人的意见。孩子在相互交往的过程中难免会出现误解，产生矛盾，甚至发生争吵和打斗。其实，这种外在行为恰恰是孩子内在心理活动的表现，是他们性格特征和大脑判断、选择、决策能力的反映。

在孩子的成长过程中，学会有效地、合理地化解冲突，是他们人生中非常重要的一步。家长“不合理”的解决冲突方式，往往害了孩子。其实，孩子之间的小冲突可以有效地解决，双方握手言和，或者互相说一句对不起，可能第二天就又玩在了一起。

当孩子之间发生冲突时，家长可能会出现以下几种做法。

1. 耐心询问，正确引导。

父母耐心地询问，了解冲突情况，根据冲突的类型来判断是否介入，孩子能解决的，尽量让他们自己解决。家长给予孩子支持，鼓励孩子大胆表达自己的想法和情绪。

2. 纵容包庇，帮腔助阵。

当孩子与他人发生冲突时，一些家长会“火上浇油”，替孩子“报仇”，为孩子打抱不平，觉得“全世界都有错，只有我家孩子没错”。家长的冲动行为往往会把小事变成大事。

3. 不问因果，批评指责。

有的家长本着“真麻烦”的态度来看待孩子之间的冲突，孩子闯祸了，马上责怪。有的家长不分青红皂白，先给孩子一顿骂、一顿打，如果孩子本身就在冲突中受委屈，此时更是受到双重打击。

由此可见，家长的参与方式，会直接影响孩子处理矛盾冲突的能力。家长的教育对孩子很重要，不能完全依赖学校和老师。家长应了解孩子发生冲突的原因，学会倾听，学会接纳，为孩子提供一些解决冲突的正确方法。

了解孩子

到了五年级，孩子进入了社会化的关键时期，与同伴或与父母的冲突，是他们学习与人交往技能的重要途径和宝贵的机会。他们不断地面对冲突并努力尝试用各种不同的方式方法解决冲突，在这样的实践中，学习、获取与人相处的适当方法，并逐步提高自身社会适应能力。具体表现如下：

一、自我意识增强，更需要得到他人尊重。

这个时期孩子的自我意识开始增强，更强烈地需要得到他人的尊重，需要大人把他们当作大孩子来看。但很多父母不了解孩子这一心理发展特征，仍把孩子当成低龄儿童看待。因此这一时期的孩子，常常因为得不到父母的尊重和理解而故意与父母作对，表现出叛逆的行为。

因此，父母应及时转换自己的角色，由过去的“权威型父母”转换成“朋友型父母”。当孩子与同学发生矛盾或冲突时，家长不要对孩子进行单一、粗暴的教育和责罚，而是应该耐心地听孩子的讲述，引导孩子正确应对矛盾或冲突，并用平等的态度与孩子分享自己的经验，让孩子自觉、自愿地接受家长的观点。作为家长，我们需要给孩子建立一个平等和谐的环境，注意倾听孩子的心声，尊重孩子，尊重事实。

二、同伴交往，更偏重于情感而分不清是非。

这个时期的孩子开始以一定的道德标准来评价人和事，但评价往往比较片面；虽然能认识和掌握一定的道理观念，也开始有了独立见解，但他们的见解极易受外界影响。这个时期的孩子情感多变且不轻易外露，与同伴之间的交往也容易偏重于情感而分不清是非。当孩子之间发生矛盾冲突时，家长以错误的方式介入，会导致矛盾激化。因此，不要急着去评断或做和解的中间人。家长首先可以在一边静静地看看孩子们在争论什么，怎么解决他们自己的问题。当孩子自己不能解决时，再出面缓和孩子间的气氛，让矛盾得到暂时的转移，同时也防止孩子间的冲动和暴力行为出现。当事情得到解决时，要及时引导孩子妥善处理关系，让孩子相互道歉，学会认错，学会谦让，这也有助孩子以后自己处理人际关系。

三、独立能力增强，性格变化大。

五年级的孩子身心快速成长，独立意识增强，随之是叛逆期的到来。我们会发现有些孩子在这一阶段性格变化非常大，以前很内向的孩子，到四五年级却变得外向起来；也有些孩子，以前很听家长和老师的话，但这个阶段却有意反其道而行之。而且我们在这时期会发现大部分的孩子都有自己的小团体，并且每一个小团体活动都有明确的目的和行动方法，是不轻易解散的。

可见，五年级更像是个"塑型"阶段，父母应当在日常生活中为孩子创造交往的条件，尊重孩子的交往兴趣，让孩子明白与同伴交往是自己的权利，处理与同伴交往时出现的问题也是自己的责任和义务。父母应积极指导孩子正确处理与同伴交往时出现的矛盾，有意识地和孩子讨论择友的标准与注意事项，教育孩子恰当选择交往的同伴。

其实，孩子的成长是很快乐的，但如果父母不了解孩子，方法不对，亲子双方都会感到痛苦。而不正确的沟通方式更会白白浪费双方的精力和时间，让矛盾问题升级。因此，面对孩子成长过程中的矛盾冲突时，更需要我们父母耐心指导，倾听孩子的心声。

1. 希望爸爸妈妈能多包容我，帮帮我。

每当和爸爸妈妈发生冲突时，我总是不能很好地思考解决方式而是采取逃避的态度，给爸爸妈妈造成了许多困扰。虽然我的本意并非与你们对抗，但却没有处理好与你们之间的矛盾，希望爸爸妈妈能多包容我，教我用合理的方式处理冲突。

2. 妈妈，希望您不要那么情绪化，多一些耐心。

解决冲突要先从控制情绪入手。每当有不顺意的时候，妈妈都特别凶，情绪失控。我很害怕，这也影响了我，每当有冲突时，我都无法控制自己的情绪。以后我会注意的，也希望妈妈可以不要那么情绪化。

3. 爸爸，请先听我说，好吗？

爸爸，下次我和其他同学出现矛盾的时候，请您先不要批评我。请先问一问到底是什么原因，当不是我的错时，希望您能站在我这一边，同时我也会注意和朋友相处的方式，好吗？

总的来说，在倾听孩子心声的过程中，家长要有认真、平和的态度，也可以在双方冷静后，进行理性沟通。通过与孩子进行深度良性的沟通，父母能深入理解孩子的感受和需要，同时让孩子感受到父母对自己的爱。父母的爱能赋予孩子面对冲突时的勇气，让孩子自己去探索和体验人生，并学会调节情绪与处理冲突。

实施指南

人际交往是社会生活中的一个重要内容。小学生正处在学习知识、认知社会的启蒙阶段。良好的人际关系，有利于他们人格的健全和社会化的发展。而由于矛盾冲突处理不当所引发的问题，会影响他们正常的学习和生活，甚至会诱发心理疾病和相互伤害事件。为避免不良后果发生，家长不妨试试以下几种策略。

◆ 策略一：摆正心态，不放大事态。

作为家长，当我们面对孩子与同龄人发生冲突时，我们要让孩子明白与同伴在一起交往玩耍，发生矛盾是难免的。家长们不要小题大做，更不能把孩子之间的争执等同于大人之间的矛盾。简单说，就是要做到“三不要”。

》》 1. 不要放大矛盾。

孩子之间的矛盾有着不同于成人理解的逻辑和秩序。很多时候当家长的会不由自主地把孩子间的矛盾冲突放大，家长之间还在那里争吵，可是孩子却已经和好了。因此，家长不要用成人的斤斤计较去度量孩子之间的矛盾，他们的矛盾发生原因往往很简单，用不着家长提心吊胆，更不用家长亲自上阵。只要在合理的限度内，完全可以让孩子自己解决矛盾。

》》 2. 不要过度限制孩子交往。

有些家长认为发生了冲突矛盾，应该禁止孩子和对方交朋友，这种逃避的办法也不可取。一味躲避，只会让孩子对其他人不信任。孩子有选择朋友的权利，家长不可过度限制，而应教导孩子选择志同道合的同学当作朋友。

》》 3. 不要妄下评论。

孩子之间的个性差异明显，个性会随着年龄的增长、生活经验的丰富和后天环境教育的影响而发生改变。父母不可随便认定孩子就是一个爱打架、爱引起冲突的坏孩子或是软弱胆小的笨小孩。每个孩子都有优缺点，应该互相学习、互相帮助。

◆ 策略二：教以处理矛盾冲突的方法。

古人云：“授人以鱼，不如授人以渔。”当自己的孩子与同伴发生冲突时，家长大都会选择干预和制止，甚至袒护。其实，帮孩子出气不如教会孩子正确处理问题的方法。家长应站在孩子的角度，给予孩子正确的建议，让孩子在亲子的交流后能积极处理交往中的冲突，并重新收获快乐的友谊。通过解决问题，孩子的语言表达能力、思维能力得到了发展，人际交往能力也会大大提高。

◆ **策略三：创设良好的家庭交往环境。**

家庭如同社会的缩影，能处理好家庭矛盾，自然会处理社会交往中发生的各种状况，学会处理矛盾冲突也是磨炼性格和人品最关键的历程。在家庭中，父母应创造民主、平等、亲切、和谐的交往氛围。

作为父母，我们应当成为孩子的朋友，要让孩子敢说、爱说，有机会说话，不能摆出“长道尊严”的面孔训斥孩子。家庭中的大小事，孩子能理解的、可以知道的应该让孩子知道，还可适当地让孩子“参政议政”。家庭中涉及孩子的问题，更应该听听孩子的意见，尊重孩子的想法，不要一味地只是自己说了才算，这样才有利于树立孩子的自信心，使孩子敢于与他人交往。

宽容悦纳
——教会孩子与人为善

案例分析

有一位单身女子刚搬了家，她发现隔壁住了一户穷人家，住户是一个单亲妈妈与一个小孩子。有天晚上，那一带住宅区忽然停了电，那位女子只好自己点起了蜡烛。没一会儿，忽然听到有人敲门。原来是隔壁邻居的小孩子，只见他紧张地问：“阿姨，请问你家有蜡烛吗？”女子心想：他们家竟穷到连蜡烛都没有吗？千万别借给他们，免得被他们依赖了！于是，对孩子吼了一声说："没有！"正当她准备关门时，孩子展开笑容说："我就知道你家一定没有！"说完，竟从怀里拿出两根蜡烛，"妈妈和我怕你一个人住又没有蜡烛，所以我带两根来送你。"此刻女子既自责又感动得热泪盈眶，将那小孩子紧紧地抱在怀里。

豁达宽容、与人为善、悦纳他人是优秀的品质。宽容他人，是一种美德。为人宽容，能解人之难，补人之过，扬人之长，谅人之短；为人宽容，能赢得友谊，获得更多的友情。

一个人学会了宽容，他就掌握了一种自我提高的有效方法。一个懂得宽容的人，会体察他人的内心世界，诚心帮助他人，心胸开阔，与人为善，从而倍受尊敬。

了解孩子

与人为善，是人最美好的品质之一。一些家长总怕孩子吃亏，告诉他们不要被别人欺负，可是家长更需要告诉孩子与人为善的道理，帮助孩子提高调节和控制自己情绪的能力，教育孩子不伤害他人，不触犯法律。这一阶段的孩子通常有如下特点：

一、容易产生挫败感，会因无法解决问题而自我怀疑。

生活中遇到一些挫折是难免的，但是有些孩子会经常因为一些小挫折而产生挫败感。当面对自己无法解决的交往冲突时，一些孩子第一时间不是想着如何去解决这个问题，而是对自我产生怀疑，否定自己，觉得自己原来是这么笨，这点问题都解决不了。

二、总是跟别人对比，整天抱怨却不去改变。

一些孩子对自我的认识需要通过和他人进行对比。如果他人比自己差劲，这类孩子会特别容易自满和骄傲。相反，看到他人比自己优秀时，就特别自卑，直接否定自己。有些孩子爱抱怨生活，抱怨家庭，抱怨周围所有的一切，但是从来不试着去改变。

三、自身能力的不足。

这一阶段的孩子自身能力不足，容易感到自卑，觉得不如他人，但是他们又无力改变。每次想要前进的时候，经常会被困难所打倒，然后又开始自我抱怨，无法走出困境。

四、未被父母完全接纳。

一些父母在教育孩子的时候，对于孩子的不足一直去贬低，却没有教孩子如何改变，导致孩子越来越自卑。孩子在这种情况之下学会了隐藏自身的差劲部分，内心不愿意承认，不愿意接受自身的这些不足。

面对孩子的阶段性特点，家长在教育孩子与人为善之前，应先教育孩子学会正确认识自己、善待自己。在面对自身的不足时，孩子会产生挫败感。因此，家长需要引导孩子学会接纳自己，调整心态，让孩子的心情保持愉悦，这对孩子的成长十分重要。

面对家长的教育和引导时，孩子们会有着怎样的体会？接下来，我们不妨听听孩子的心声。

>> 1. 妈妈，换个方式对我来说更好，您能理解吗？

妈妈，您总是告诉我“人善被人欺，马善被人骑”，受了欺负就要反击。但我觉得有时候还可以换一种方式，能够和大家更加友好地交流。我觉得善待他人，多一分宽容，多一分爱心，多一分同情，多一分理解，这样才能让自己的心境始终保持愉悦。

2. 有你们，我很幸福。

爸爸妈妈总是告诉我要与人为善，要乐于助人。常言说“赠人玫瑰，手有余香”，一方面自己的内心获得满足和喜悦，另一方面也修身积德。在爸爸妈妈的教导下，我结交了许多好朋友，我觉得很幸福。

3. 爸爸的指导，对我很重要。

我在和朋友的相处中，每当出现分歧，爸爸都会耐心地指导我，让我明白怎样的相处才是最合适的。有宽容，也要有自己的立场。爸爸的指导对我很重要。

总的来说，做人要有宽容之心，要与人为善。明代吕坤曾说：“别人做了不好的事，原谅他，甚至要替他隐藏几分。这样浑厚地待人，可以使自己胸怀宽阔。”这个观点值得家长和孩子共同学习。

实施指南

当一个人既能正视自我，又善于悦纳他人，方可找到一方属于自己的天地。家长教导孩子与人为善时，需要注意以下几点：

◆ 策略一：引导孩子在生活中遵守规则。

孩子之间是平等的，应该鼓励他们在日常生活中遵守规则。比如玩游戏时，每个孩子都应该有机会参与。培养孩子与人为善的品质要借助规则。社会公共秩序保障了每位公民的基本权益，在此基础上，再学会与人为善。

◆ 策略二：教育孩子遇事要协商。

孩子之间发生争执不可避免，但关键是如何解决。要教育和引导孩子用协商的方法解决。如在为某个玩具争抢时，可让孩子轮流玩或石头剪刀布决定。

◆ 策略三：充分相信孩子的能力。

家长总是会有太多的担心，害怕孩子吃亏，害怕孩子犯错误，所以忍不住不停地帮孩子做决定，给孩子过多的指点。实际上，我们应该相信孩子有能力解决好自己的事，而不应该把大人的担心投射在孩子成长的过程中。正所谓“吃一堑，长一智”，只有经历了试错的过程，孩子的内心才能得到历练，从而变得坚强豁达、宽容大度。

延伸拓展

阅读推荐

人的一生不可能是一帆风顺的，如果在童年时期没有培养解决问题的能力，那以后的人生道路或许会走得比较艰难。因此，我们对孩子的爱要建立在培养他们独立的人格之上。怎么才能培养孩子独立的人格和能力呢？以下推荐的书目仅供家长参考。

> >> 1.《爱的教育》(著者：[意]德·亚米契斯；译者：夏丏尊；出版单位：安徽教育出版社)。

理由及建议：该书是一个意大利四年级小学生在一个学年十个月中所记的日记。在书中，作者没有说教，也没有豪言壮语，更没有轰轰烈烈的英雄事迹，他所写的只是一个平凡而善良的人物。正是这些看似平凡的叙述把读者带入一个爱的世界，让我们在爱中受到教育。

> >> 2.《孩子，把你的手给我》(著者：[美]海姆·G.吉诺特；译者：张雪兰；出版单位：京华出版社)。

理由及建议：作为畅销美国500多万册的教育经典，该书以31种语言畅销全世界，彻底改变父母与孩子的沟通方式，对中国的家长非常有借鉴和指导意义。父母光有爱是不够的，好的父母需要技巧，如何获得并使用这些技巧就是这本书的主要内容。

> >> 3.《父母改变　孩子改变》(著者：张文质；出版单位：北京师范大学出版社)。

理由及建议：改变孩子就要从改变父母开始。父母改变，孩子才会改变。书中有不少教育孩子的先进理念和经验供我们借鉴学习。例如给“父母的八条戒律”“给父母的20条建议”“给孩子的20条建议”“新父母的100个教育信条”“父母该做的12件事”“父母不该做的12件事”等，掌握这些方法，可以让我们在教育子女的时候能用一个更放松的心态来面对孩子，让我们懂得如何去做，懂得如何去爱。

> >> 4.《解放孩子的潜能》(著者：[英]马丁·洛森；译者：吴蓓；出版单位：人民文学出版社)。

理由及建议：该书从孩子的整体成长和所需教育两个方面，帮助父母了解和支持孩子。作者在书中深入讨论了与孩子成长密切相关的问题。比如，怎样让孩子懂得从错误中学习，如何引导孩子正确看待男生和女生的差异，怎样带领孩子积极融入复杂的社会，如何帮助孩子处理好青春期的问题，等等。通过阅读该书，家长可以学会用恰当的方式启蒙孩子，为孩子创造出和谐的成长环境，让孩子的潜能得到充分的发挥。

评估改进

一、自我评估

在教育孩子学习处理人际关系时，家长也可以通过以下测试看看自己是否拥有良好的心理状态，能否妥善处理人际冲突。请您根据实际情况进行填写，如果您的情况与题目描述的相符，请选择“是”，反之选“否”。

	是	否
① 当看见某人做出不恰当行为时，您会情绪失控，并会大声指责对方。	□	□
② 您在工作时是否会因为别人的谈话而感到厌烦？	□	□
③ 在与人争论时，您是否会因无法控制自己的嗓门，导致说话声音太高？	□	□
④ 您做决定时是否经常会受当时情绪的影响？	□	□
⑤ 与别人谈话时，如果对方怎么也弄不明白您的意思，您是否会发火？	□	□
⑥ 当您和朋友产生了冲突，造成双方关系紧张时，您是否会不再搭理朋友？	□	□
⑦ 当您被人误解做了某件不好的事时，您是否会找这些乱说的人对质，甚至捏造对方一些莫须有的事？	□	□
⑧ 当别人嫉妒你所取得的成就时，您是否会和那些嫉妒你的人争吵，保护自己的名誉？	□	□
⑨ 当你在工作中对某一事情的看法被其他人否定时，您是否会不再认真工作，甚至和其他人争吵？	□	□
⑩ 在这样一个借钱很难还的当下，当有朋友向您借钱时，您是否绝对不借给朋友，并找各种理由推脱掉？	□	□

【评估参考】

如果您选择“是”比较多，说明您不太善于处理矛盾，同时情绪不太稳定。遇到冲突时，不能很好地思考解决方式，常会选择用发脾气、逃避等方式解决人际交往中的矛盾冲突，这并不利于良好的人际关系的形成，也会影响到您对孩子人际关系能力的培养。

如果您选择“否”比较多，说明您能较好地处理问题，能够理性对待冲突，能准确地看到矛盾所在，不被情绪所左右，对冲突可以游刃有余地化解，因此拥有良好的人际关系，在教育孩子人际交往方面起到很好的榜样作用。

二、改进计划

亲爱的家长，您好！阅读本专题后，您应该对如何引导孩子正确处理交往中的冲突有了更深刻的认识和理解。下面请您结合实际情况，写出自己的改进计划，并逐项完成。

第五专题 杜绝侵害孩子健康成长的内外因素

五年级的孩子开始进入青春期，会面临生理和心理上的重大转变。如何安心、平稳地度过五年级对于孩子来说十分重要，这一过程也需要家长密切关注。每个父母都深爱着自己的孩子，都有责任和义务帮助孩子走出成长的烦恼。如何向孩子表达自己的关爱，如何帮助孩子解决他们遇到的问题，都需要父母尽心去学习。有时父母强烈的爱反而会让孩子感到厌倦，甚至产生逆反心理。是什么阻碍了父母爱的传达？又是什么原因妨碍了父母对孩子的有效教育？

自我负责
——敢于向不良行为说“不”

案例分析

案例一：“多变”的他。

小勇是一名五年级的学生。他的父亲是一名工作时间和场地都不固定的油漆工，脾气暴躁，对孩子的学习成绩要求非常严格。他的母亲是个阴晴不定的人。小勇的父母关系一直非常紧张，互相数落、埋怨，一个脾气暴躁，一个又经常讽刺对方，导致家里口角不断，且两人争执起来几乎不避开孩子，造成了非常不好的影响。

小勇在校期间表现为冲动易怒，经常因为一些他认为的“敏感词”而突然对同学发难，甚至拳打脚踢，其他同学必须和他保持一定距离才不受伤害。同时他对老师也存在不尊重、故意挑衅的现象。在学习方面，他也不上心，会因为怕考不好而直接放弃学习。

小勇在家则表现为“欺软怕硬”，在其父面前较顺从，在其母面前嚣张跋扈，还多次趁其父母不备离家出走。

案例二：不敢说“不”的孩子。

小王是一名五年级学生，身形瘦小。他上课不能专心听讲，爱走神，成绩中等偏下，平时不爱说话。据班主任反映，该班男生冯某常常欺负小王，总是对小王呼来喝去。小王不敢反抗，也不敢跟同学说，更不敢告诉老师和班主任。小王很难过，常常哭泣。

其实，小王的家庭氛围非常不融洽。一次，小王和继母顶嘴，父亲不分青红皂白就吵起来。虽然小王一再强调自己没错，但父亲还是进行了极为严厉的斥责。因此，后来无论遇到什么事，小王都不再反抗，也不说话，一味地逆来顺受。

父母是孩子的启蒙老师，其良好的行为举止、得当的教育方法、和谐的家庭气氛对孩子的心理成长至关重要。家庭教育的缺失已经成为“问题少年”形成的关键因素。

1. 家长管教的缺失让孩子偏离正常成长轨道。

父母是孩子的第一任老师，对孩子的人生有举足轻重的作用，但是现实中常出现因父母离异或者父母关系不和谐而对孩子管教不足，使孩子野蛮成长的现象。还有的父母一味地打骂孩子，也让孩子的成长脱离正轨。

2. 粗暴、不和谐的家庭关系让孩子缺乏安全感。

孩子之所以欺软怕硬，主要还是因为家庭的生活环境不和谐。小勇的父母亲时常紧张，父母之间争吵不断，使得小勇在夹缝中养成粗暴和不讲礼貌的性格。此外，家庭关系的不和谐让小勇非常没有安全感，放学后宁愿去同学家，也不愿意回家。

>>> 3. 缺乏父母关爱的孩子很容易自卑。

案例二中的小王生活在一个充满矛盾的家庭氛围中，与父母缺乏理解和沟通是影响其心理健康的一个重要因素。在这个家庭中，继母对小王不好，而生父又怕继母，对小王管教简单粗暴，没有关心，使小王感到孤独无助，让小王变得自卑、胆小、懦弱。

了解孩子

我们都知道孩子的性格养成跟家庭有很大的关系。如果一个家庭是幸福的，那么孩子在其中也会受到熏陶，形成比较健全的人格；如果家庭不和谐，那么会给孩子的成长留下非常大的阴影。孩子出现问题了，我们家长应该注意以下几点：

一、五年级的孩子需要认识自己。

孩子自卑、胆小、懦弱，很大程度上是家庭环境所致。家长需要与孩子耐心沟通，帮助他们找到问题的症结，让孩子更好地认识自我。

二、鼓励能让五年级的孩子增强自信。

有些孩子会如案例中的王某一样，因家庭关系而把自己封闭起来，他们需要家长和老师的帮助，扩大生活范围，建立新的生活圈，重塑自我，不断增强自信，克服自卑。

三、五年级的孩子希望能宣泄自己。

这一阶段的孩子需要宣泄长期压抑的情感，把内心郁积的不良情绪合理地释放出来，使身心都舒畅起来，这对孩子形成乐观和成熟的心态起着很重要的作用。

四、五年级的孩子需要榜样力量。

如果孩子爱发脾气是因为家长脾气暴躁，那家长就应该首先学习如何调控自己的情绪，要知道榜样的力量是巨大的。当家长对孩子发脾气不满意时，也不要说很伤感情的话，如：“我再也不喜欢你了，就当我没你这个孩子。”如果发现孩子闹情绪，那么家长更要引起注意，多理解孩子。

到了五年级，孩子在面对复杂的社会时难免会出现反感、不安的情绪，这是孩子在成长过程中融入周边环境的必然经历。对于五年级的孩子的来说，由于对自我认识和社会经验的不足，社会上的诸多方面是极具挑战的。当孩子出现逆反心理时，家长千万不要对孩子吼叫，而是需要平复自身的心情，控制好自身的情绪，积极引导孩子合理表达和发泄其内心的苦闷，让孩子在家长的关心和陪伴下逐步增强对学习、生活的信心和勇气。

现在我们很多家长不理解，为什么自己的孩子变得越来越不“懂事”，变得越来越“沉默”，变得越来越与父母的要求格格不入。事实上，我们需要听听孩子内心的呼喊。

1. 我想有个完整的家。

爸爸妈妈，你们经常吵架，妈妈动不动就说要不是因为有我，早就和爸爸离婚了。我希望你们能够有事好好商量，我渴望有一个完整的家庭，我渴望爸爸妈妈能关注到我的情绪，并能安抚我。

2. 爸爸妈妈，我想跟你们说件事。

爸爸妈妈总会在我要开口跟他们讲一些事情的时候，粗暴地打断我。他们不知道我多么渴望能将今天发生的事情告诉他们，我多么渴望他们能安慰我、鼓励我、支持我、帮助我！

3. 我需要一个温暖的拥抱。

爸爸妈妈，我曾经也是个聪明的孩子，低年级时我也能考满分。可是，我现在一旦有偶尔的失误，你们就会大声呵斥我，你们也会互相责怪是谁没有教育好我。我其实很需要你们一个温暖的拥抱作鼓励。

这一时期的孩子的内心比较敏感，听听孩子内心的想法，让家长知道自己的言行举止影响着孩子的性格和心理。父母矛盾会让孩子缺乏安全感，从而产生自卑、自我厌恶的负面情绪。温暖的家是孩子成长道路上的避风港和安全屋，我们不能剥夺孩子应得的爱。

实施指南

孩子成长中遇到的任何问题，都是他（她）成长路上的契机。我们可以把问题当成学习的入口，带孩子分步骤解决，培育孩子勇于面对并战胜困难的信念，孩子将会渐渐自信起来，成为一个强者，而不是懦弱者。

◆ 策略一：要给孩子安全、稳定的家庭环境。

我们要给予孩子安全、稳定的家庭环境，走进孩子成长的内心世界，让孩子享受到亲子沟通的乐趣。父母关系不和谐，孩子处于低安全感家庭，逼得孩子离父母越来越远，或躲着父母，或沉默寡言，或消极对抗，堵塞了亲子沟通的渠道。我们应该明白，只有父母双方心平气和地解决好家庭问题，才能让孩子在相对稳定的家庭环境中敞开心扉和父母交流沟通。

通常，优秀孩子成长的背后总能找到温馨和谐的家庭的影子；同样，个人不健全的人格的形成，也可以从其充满冲突和矛盾的家庭找到原因。在稳定的家庭环境中，父母与孩子是共同成长、相互影响的。亲子之间往往有一些有效的教育方式，如亲子共读、亲子通信、讲述成长故事等。父母的成长和孩子的成长一样，是没有止境的。父母不断学习，不断进步，对孩子的影响是深刻的。

◆ 策略二：良好的沟通是增进情感的黏合剂。

小学五年级的孩子处于半幼稚、半成熟且依赖性、独立性交错的时期，这是孩子从依赖到自立的过渡阶段。在此阶段，孩子与父母的交流常常表现出疏远与冲突，有人称之为“亲子关系危机期”。在这个时期，孩子尤其需要良好的家庭教育和父母的耐心引导，良好的沟通是增进亲子情感的黏合剂，可以帮助父母与孩子建立起正确的依恋关系，使父母能及时了解孩子的想法与需要。亲子沟通应把握好以下几个重要原则。

1. 理解而不挑剔的原则。

父母要以积极的心态对待孩子的言行，包括其缺点、错误，以关心爱护为前提去引导，让孩子自我感悟，自主成长。

2. 尊重而不专制的原则。

只有尊重孩子，孩子才容易接受父母。家长需要平等对待孩子，在家庭中做到民主，不能搞家长专制，而应该给予孩子申辩的机会。

> >> 3. 多赏识少批评的原则。

赏识是开启孩子心灵的钥匙，在赏识中亲子能实现有效沟通。实施赏识沟通要把批评变鼓励，把批评的话换成鼓励的话，让孩子在被欣赏中获得积极的自我评价，强化孩子自尊。

> >> 4. 多宽容少惩罚的原则。

父母对孩子应该多一些宽容，多一点容忍，多一些耐心，不能简单粗暴对待，对孩子尽量不使用惩罚。

在对待孩子时，如果父母能多一分耐心、少一分猜疑，多一分宽容、少一分批评，多一分鼓励、少一分指责，或许亲子间的沟通会变得更加顺畅。

◆ 策略三：父母首先要学会“有话好好说”。

在日常生活中，父母习惯性地使用评价的语气和孩子说话，孩子不爱听，会关闭与父母继续沟通的大门。那么，父母怎样和孩子有话好好说？

> >> 1. 说事实。

父母只需讲述看到的事实，真实地表达感受，有事说事，有一说一。观察和了解孩子正在经历的事，对于孩子的优缺点不夸大、不放大，实事求是。

> >> 2. 耐心听。

当孩子解释事情的原因时，父母要耐心倾听，不要劈头盖脸责问或者猜种种原因。听懂孩子言语背后的需求很重要，这是交流的关键。家长只有听懂孩子的语言，才能和孩子好好交流下去。

> >> 3. 谈感受。

如果父母一味声嘶力竭地大吼大叫，会激怒孩子，他（她）也会选择过激的方式回应父母，对父母也是大吼大叫。父母说感受的时候要告诉孩子，父母永远爱孩子，让孩子知道，他（她）的行为不影响爸妈对他（她）的爱。这样孩子会获得安全感，孩子不会轻易把责任推卸给他人，而是会从自己身上找原因。

4. 提请求。

在和孩子平静地讲事实、说感受后，接下来父母可以对孩子说说自己的希望或请求。请求要具体，不宽泛，让孩子容易理解也容易做到。切忌和孩子提一些过分的不切实际的要求。

◆ 策略四：父母和孩子都要学会控制情绪。

1. 父母主动学会管理自己的情绪。

为人父母，当发现孩子存在某种不良行为时，首先不该是愤怒、羞耻和绝望，而是要懂得这里面有部分责任是家长的。面对孩子撒谎、马虎、磨蹭、沉迷于游戏、不能有效完成作业，家长如果能清醒地知道自己教育的职责，那么就应摁下冲动责骂的暂停键，让自己先冷静后，再去梳理问题，而不是张口大骂，出手就打，甚至用暴风骤雨般的愤怒来掩盖自己的不负责任。这种过激的方式很可能会让孩子在极度恐慌中丧失对父母的信心。其次，直面问题，邀请孩子一起制订方案，把孩子从不知所措引向建设性行为。多少父母和孩子的悲剧，在于家长总是用控制和打压去试图证明自己是对的，而忘记了对孩子负责。

2. 教孩子实用的方法认识和管理自己的脾气。

我们可以先问问孩子：你一般都是怎么知道自己生气了的？其实有大量的身体语言在表达“生气”，比如脸红了，心跳快了，手掌出汗了，头脑发晕了，肌肉变得紧张，拳头握起来了……这个识别的过程说起来感觉很简单，但大多数时候，我们处在愤怒中时，已经被愤怒所淹没了，很难对自己处于什么状态有所感知。如果可以通过观察自己的身体语言意识到自己在生气，其实就是一个非常好的自我提醒：也许现在可以开始控制情绪了。然后学着给情绪分等级，对不同等级的生气，可以有不同的应对方法；还可以陪孩子找一个属于自己的冷静空间，就像绘本故事《杰瑞的冷静太空》一样，当孩子生气的时候，让孩子转移注意力，进入自己的“冷静太空”，可以画画，可以撕废纸，做能让自己冷静下来的事情。

◆ **策略五：注意家庭教育容易出错的地方。**

其一，父母大多没受过专业的训练，难免会出错。因此，家长需要加强学习，及时更新自己的育儿知识，学会用正确的家庭教育理念指导自己的实践行动。其二，父母望子成龙、望女成凤的心理易使家庭教育偏离方向。父母把自己没有实现、没做成的都转而寄期望于孩子来完成，难免不切实际。其三，很多父母忽略了自己的教育职责。由于社会普遍关注的焦点是学校教育，父母更多考虑的也是学校教育，忽视了他们自己才是真正的教育基础，是影响孩子命运的关键。对教育职责的漠视，以及教育理念的偏颇自然导致家庭教育易出错。

作为家长，我们要主动发现自己在家庭教育上的不足，认真纠正自己错误的育儿行为，让孩子在父母的正确教导下健康、快乐地成长。

爱与责任

——注重孩子生理变化和心理健康

案例分析

案例一：莫名的烦躁。

玮玮是一名五年级的男生。低年级时，他还比较听话，可自从上了五年级，整个人就变了个样。每天都惹大人生气，什么事都不听父母的，反而父母得听他的，没有一点同情心和感恩心。做任何事情他都喜欢自作主张，只要父母提出不同意见，他就不痛快，并提醒父母他已经是“大人”了。有时他为了气父母，还故意反着来。一点事不顺心，他就怄气，跺脚，发脾气。因为这些，玮玮没少挨爸爸的打，可就是不长记性。

案例二：爱的缺失。

一提起小雅同学，大多数的女生会露出嫌弃而又无奈的复杂神情。而男生们口中的小雅则是“暴力女”。男生永远不知道自己哪里刺激到她了，她会随时进入“战斗”状态，动辄打架。混乱的生活状态往往伴随着糟糕的学习状态，小雅的成绩很不好。但小雅的爸爸因为工作忙而对小雅不闻不问，而小雅的母亲则是个情绪不稳定的人，哭诉、怨怼、吵架……家庭氛围极其糟糕。后来，小雅的妈妈生了二胎，小雅的生活陷入了更加混乱的状态。

这是两则令家长头痛的关于孩子青春期逆反心理的案例。孩子容易产生逆反心理，主要有以下几个方面原因。

1. 家长没有意识到孩子身心发展特点导致逆反。

五年级的孩子大多处于十一二岁，逐渐进入青春期。家长应该意识到，此时孩子一个最显著的特点就是“变”。生理上在变，心理上也在变。随着身体的迅速发育，他们在心理上的“脱胎换骨”也开始出现了：自我意识开始逐渐清晰，独立意识开始日益强烈，并自发地产生了一种“我是大人了”的感觉。这时候的孩子也是很敏感的，一旦外人对他们评论不当就会引发他们的暴躁行为和激烈的反抗。

2. 家长错误的教养观念加重孩子的逆反心理。

首先，许多家长要孩子完全听家长的话，让孩子从小规规矩矩，孩子稍有不从不敬，便会受到批评，被冠之“逆反”“不听话”的帽子。

其次，有的家长认为孩子是自己生养的，所以要完全听自己的话，凡事按照自己的要求去做。

再次，有些家长持有“儿女成龙成凤，自己脸上有光”的老观念。一些家长的功利心很重，希望孩子完全按自己为他们设计的路线成长，甚至把自己的未来押在孩子身上，过度施压导致孩子出现非正常反抗。

最后，对孩子不切实际地要求（如“望子成龙”“望女成凤”）是中国父母的普遍心态。许多家长都希望孩子进好学校，上名牌大学，考研，读博，出国深造，等等。由于家长对孩子过度投入，因此也抱有极高的回报期望，一旦孩子表现不尽如人意，就会导致父母出现心理落差，情绪失衡。

3. 家长错误的教育方式加剧逆反。

家长的教育方式与教育效果有着必然的联系。错误的教育方式包括打骂、体罚、哄骗、利诱、讽刺、挖苦，溺爱、迁就等。这样的教育方式不仅不能使孩子认识到错误，更会让孩子产生抵触情绪，从而愈发倔强暴躁，甚至走向极端。

了解孩子

五年级的孩子需要父母尊重他们的诉说，理解他们的感受，尊重他们的想法，信任他们的能力。这一时期的孩子需要我们父母这样做：

一、五年级的孩子需要父母听他们倾诉。

父母应该时刻怀着一颗童心，用心、耐心倾听孩子的诉说，在孩子面前表现得“乖”一点儿、“傻”一点儿，让孩子把话说完，说出心里话。父母学会倾听，让孩子感受到亲子的温暖，才更容易走进孩子的心灵，从而达到有效沟通。

二、五年级的孩子需要尊重。

孩子和成年人一样，具有独立的人格。作为父母，必须尊重孩子的人格，保护孩子的自尊心。教育孩子一定要讲究场合，讲究分寸，要耐心细致，千万不可意气用事，放任自己的冲动。

三、五年级的孩子需要被理解。

小学五年级的孩子对困难和挫折缺乏成熟的认知，克服困难、战胜挫折的经验更是匮乏，他们不知如何面对学习上的压力、师生交往上的困惑、社会上的诱惑……这一时期的孩子思想幼稚，好奇心重，容易被新鲜事物吸引，容易上当受骗，误入歧途，但这些都不是孩子的错，而是心理不成熟的表现。家长不能以成人的眼光来看待孩子，要理解孩子，要正确引导，更多地去分析孩子出错的原因，不要一味去指责孩子，引起孩子的反感。

四、五年级的孩子需要信任能力。

五年级的孩子都有自我表现的欲望，他们都想借助自己的一些行为表现，引起他人的关注，希望得到别人的认同和赞赏。家长要善于读懂孩子的心思，信任孩子，鼓励他们去实现自我。

五、五年级的孩子需要有爱的家庭教育环境。

父母对孩子的关心是爱的切入口。关心就是了解对方的需要，并努力去帮助对方。父母对孩子的关心是多方面的，既要关心孩子的物质生活，又要关心孩子的精神生活，孩子由此对父母产生依恋，营造融洽的亲子关系。

五年级是孩子从小学低年级过渡到小学高年级的重要标志。在这个阶段，孩子的身心发育进入了“快车道”。面对孩子的快速成长，家长需要给予孩子更多的关注和引导，为孩子创造温馨、和谐的成长环境，帮助孩子正确面对生理和心理的变化，让孩子真正懂得悦纳自我，并以积极的心态不断收获成长的快乐。

很多时候，我们做父母的不理解孩子为什么就不那么乖了。其实，孩子的表现源于他们开始步入青春期的生理变化和心理变化。接下来，我们一起听听孩子的心声吧！

1. 爸爸妈妈，你们能不能听我把话说完？

爸爸妈妈，在你们眼里，我总是一个小孩子，什么事情都不会做，什么事情都不会想，什么事情都要按照你们的安排去做。其实，我已经长大了，我有自己的想法。很多时候，我和你们分享的一些生活上的快乐或烦恼，你们能不能先听我把话讲完，你们不要打断我，给我太多的建议。我需要的只是一个听众，我知道自己应该怎么做。

2. 爸爸妈妈，咱有话能不能好好说呢？

爸爸妈妈，人都有自尊，我也需要面子，我希望我和你们的对话是平等的，而不是被讽刺、挖苦。我希望我们有话好好商量，不要动不动就批评人。你们越批评我，我反而越不能控制自己的情绪，可能还会冲撞你们。

3. 爸爸妈妈，我也需要被爱呵护。

爸爸妈妈，虽说我长大了，但我还是需要你们用爱去呵护的。我需要你们的嘘寒问暖，我也需要你们的批评指正，但是不要冷暴力。我希望拥有一个有爱有温度的家庭，我们相处关系融洽，你们负责养家，我负责努力读书，我们一起把家变得越来越好！

听了孩子的心声，相信很多父母会有感而发。作为家长，我们需要遵循孩子成长的自然规律，注重孩子生理变化和心理健康，切实担负起教育孩子的责任，给孩子更多的呵护与关爱，让孩子在快乐、和谐的环境中顺利度过那个所谓的叛逆期。

实施指南

心灵的沟通是最有效的沟通方式之一，因为沟通本质上就是心与心的交流，沟通的目的是彼此理解，沟通的最高境界是心灵的共鸣。每位父母都应该与孩子和谐相处，进行有效沟通，建立融洽的亲子关系。我们可以采取如下策略：

◆ 策略一：正确认识孩子的逆反。

从不成熟到成熟是一个必然的心理成长过程。许多家长看到孩子逆反心理严重时，感觉家里暗无天日，做什么都心灰意冷，这是一种消极的心态，需要及时调整。

家长应该明白，逆反心理是青少年自我意识增强的一种正常表现，要学会平和地接受。当家长接受孩子时，孩子也就能从内心接纳家长，反抗现象就会相应地减少。家长的心态越平和，孩子的心态也会越好，亲子之间才能达成良性的互动，良好的亲子关系才能逐步建立。

◆ 策略二：耐心回答孩子提出的问题。

在与孩子沟通的过程中，孩子会提出一些千奇百怪的问题，父母应该知道，孩子提出问题说明他们能够思考问题，父母一定要用足够的耐心鼓励孩子的奇思妙想。无论孩子的问题让父母多么心烦，多么“无意义”，也不要表现出厌恶的言行和表情，而要保护孩子的求知欲和探究意识。

成长中的孩子，有许多不着边际的问题，父母对一时回答不出来的问题，不能胡乱解释或搪塞了事，可先告诉孩子这个问题暂时回答不了，然后和孩子共同去寻找答案。这样，不仅可以让孩子明白学海无涯，激发学习动力，而且还可以培养孩子诚实的品质。

◆ 策略三：创造多元的沟通渠道，让孩子减少逆反行为。

父母通过面对面地与孩子进行亲密、平等而愉快的语言交流，可以了解孩子在学校、家庭里的喜怒哀乐，了解孩子在成长过程中的变化，同时还可以了解与孩子有关的人与事，了解孩子的内心活动。

与孩子一起阅读，既能满足孩子阅读的需要，增长知识，还可以引导孩子加深对书本内容的理解和认识，提高其认知能力。与孩子一起看电视时，父母可以精选出一些电视节目与孩子一起观看，如《探索与发现》《走近科学》《人与自然》等科技知识类节目，通过一起看这些节目，加强沟通，加深了解。注重身体沟通。父母与孩子之间的交流可以用身体语言进行，抱一抱，亲一下，一个赞赏的眼神，都是孩子需要的。即使有时父母没有长时间与孩子沟通，也要用身体语言告诉孩子“妈妈是爱你的”“爸爸在关注着你”。父母还要尽量多地参与孩子的活动，可以经常变换话题或形式，引起孩子的兴趣。

◆ 策略四：给予孩子应有的尊重，不吝啬对孩子的赞美。

在与孩子交流的过程中，父母不能独断专行甚至大发雷霆，应该耐心地倾听孩子的不同观点和理由，然后对孩子的想法表示尊重，最后父母再详细阐述自己的观点和主张，争取能说服孩子。如果不能立刻达成共识，父母应允许孩子考虑，约定想好再谈。

现在很多父母也明白了一个道理——孩子不是靠打骂就能教育成才的，孩子需要父母的鼓励与赞美，才能逐渐自信、开朗。做父母的也只有多赞美孩子多发现孩子身上的优点，才能和孩子打成一片。

◆ 策略五：放低姿态，积极向孩子学习。

“我应该向你学习，孩子！”当父母坦诚地对孩子说出这句话时，孩子一定会感受到极大的感染。特别是自卑的孩子，在他们找不到自己长处的时候，父母的这一句话足以使他幡然醒悟："哦，原来别人也会向我学习，我并没有想象中的那么差！"这样可以让他找回自信，父母也就这样成为他的"伙伴"。

家长要走入孩子的内心世界，就要不断改变自己，和他们有共同的话题，和孩子成为朋友。要及时了解孩子在想什么、想做什么，多听听孩子的心声，理解孩子的欢乐与苦恼，并在条件许可的情况下尽量抽出一些时间参与孩子的活动，与孩子交流和沟通，加深感情。

总之，家长要真正进入孩子的内心世界，了解他们丰富的想法和细腻的情感，与孩子更融洽地相处。

理性成长
——学会正确展现自我，适度表达自己的情绪

案例分析

温馨是一个读五年级的女生，她父母经营一家规模不算小的卫浴用品店，生意还算可以。由于父母平时忙于打理生意，没有时间陪她，对于她提的任何要求都尽量满足。就这样，温馨慢慢成了一个"特殊"的女孩。温馨平时的穿着比较夸张，她把自己的人设定为"富二代""白富美"，言行间颇有上层社会的优越感，不断显摆自己如何家世优越。行为上更加夸张，总是利用一些小恩小惠拉帮结派，她身上总有一些零钱用来建立她的关系联盟，且屡禁不改。这样的孩子，成绩当然是极差的，语数外三门加起来不过100分，但她从来不为成绩而焦虑，她觉得只要有钱花，成绩无所谓。

温馨的妈妈开始意识到孩子的发展出现了偏差，主动和温馨的老师

沟通，尝试着和她爸爸商量如何改变孩子。但温馨爸爸话语里都是对女儿的维护，他不觉得孩子的言行举止和同龄孩子相比有什么不一样，不值得大惊小怪。在教育孩子的问题上，温馨的爸爸妈妈的意见没有达成一致，出现了不同的“声音”。

温馨之所以“特殊”，主要问题出在父母的家庭教育方面。父母对温馨缺少陪伴，家长没有意识到孩子处于半幼稚、半成熟的年龄阶段，而这一阶段正是家长对孩子的交友观、价值观进行引导的关键时期。如果任由孩子自由成长，势必会出现言行过于夸张、用钱无度等不利于孩子健康成长的问题。

> >> 1. 缺少家长陪伴，孩子行为出现偏差。

年幼的孩子就像是一支画笔，父母就是画师，可以引导孩子画出各种东西，是画出充满荆棘的黑暗森林，还是画出充满爱和希望的童话世界，大都取决于父母的教育。温馨的父母忙于打理生意，对于温馨的行为没有引导、管束，放纵孩子的不良穿着。温馨打扮怪异，是希望他人注意她，父母关注她。而我们家长以“你已经是个大孩子了，不需要父母陪着”“爸爸妈妈太忙了，等有时间再陪你玩”的理由把孩子推开，父母虽然能更安心地忙于工作了，但我们却将孩子推入孤独的深渊。多花时间陪伴在孩子身边，陪孩子看书，做亲子游戏，带孩子去户外活动也很有意义。这就像斯坦福教授所说：“注重孩子早期教育与陪伴，是父母这一生最划算的投资！”

> >> 2. 家长缺少对孩子用钱上的引导，没有培养孩子正确的金钱观。

温馨的父母忙于打理生意，只用金钱满足她的要求，导致温馨把自己当作“富二代”“白富美”，利用一些小恩小惠拉帮结派，用钱建立她的关系联盟。她觉得只要有钱花，成绩无所谓。温馨之所以有这样的想法，是因为她的钱来得太容易了。深究温馨行为的背后，就是父母没有教会孩子正确看待金钱、使用金钱。首先可以给孩子一定的零花钱，在孩子买东西的时候，要在旁边加以引导，教他们怎么用钱买到自己喜欢的东西，面对不同价格的商品，要怎么以更低的价格买到同样的商品。这是培养孩子金钱观的根基。其次让孩子赚钱。多数孩子是不知道钱从哪里来的，这个问题不解决，正确的金钱观培养不起来。要让孩子自己亲身体会赚钱的不易，他们才能知道钱的分量，这样孩子才能明白想买东西需要付出劳动和代价，并不是喜欢就能买的。最后教孩子存钱。给孩子买一个存钱罐，跟孩子约定好每周要存多少钱，如果能做到，会有额外的奖励（给孩子一份他们想要的礼物）。这样他们就能养成存钱的好习惯了。

3. 父母双方教育观点不一致，让孩子有机可乘。

温馨爸爸没有意识到孩子的思想、行为出现偏差，觉得温馨妈妈“大惊小怪”。在教育孩子的问题上，温馨的爸爸妈妈的意见没有达成一致，出现了两种不同的“声音”，孩子可能就会利用爸爸的维护对抗妈妈，让妈妈的批评教育效果大打折扣，甚至还会助长孩子更加肆无忌惮地往错误的方向前进，最后哪一个都不听，导致父母威信尽失。当父母双方意见不一时，如果一方有不同意见，不妨先无条件地听从另一方的，暂时不要发表自己的不同意见，之后再找个时间商量后得出一致结论，并严格执行。

了解孩子

小学五年级的孩子虽具备了一定的认知和辨别能力，但心中的交友观、价值观、金钱观还非常模糊。孩子在一些事情上并没有形成特别成熟而又符合情理的正确判断。在这一基础上，身为父母，就应起到一个教育、引导的重要作用。家长需要及时纠正孩子的想法，让孩子朝着健康、向上的方向成长。

小微是个独生女，在她的成长过程中，父母并没有溺爱她，而是在经历中陪伴她成长。小微父母平时工作比较忙，但从来没有因为工作忙或者其他原因让亲属帮助照顾孩子，他们觉得教育孩子是父母的事，别人替代不了。小微从5岁开始在父亲的陪伴下，天天坚持晨练，风雨无阻，一直坚持到现在。在锻炼的几年里，小微父母和孩子愉快地沟通，拉近了亲子间的关系，创造了融洽的家庭氛围。小微学习时，她父母在房间看书陪伴她，孩子学习完了才一起去休息。周末，父母还会组织关系要好的几家人外出赏美景做美食，小微和小伙伴们在参与制作美食的过程中学会和他人合作，看着自己制作的美食特别有成就感。暑假期间，她父母还会特意带上刘微游历史名城，走各大名校。而出发前旅游的攻略全家都要坐下来一起讨论，从旅程的规划、旅馆的筛选、路费的盘算到衣服的准备，事无巨细，小微都知晓。

对于一个五年级的孩子而言，小微的父母为她创造的家庭教育氛围适应了她成长的需求，父母的陪伴让孩子有归属感，在父母的引导中促进了孩子的健康发展。

随着年龄的增长，孩子们越来越渴望被家长关注，被理解，被鼓励，希望我们听到他们的心声。我们一起来听听他们内心的声音吧。

1. 爸爸妈妈，你们能不能多陪陪我？

爸爸妈妈总是很忙，忙着赚钱，忙着养家，在他们的心里，钱比我重要100倍！我受委屈了，回到家连个安慰的人都没有；我有开心的事要告诉他们时，他们也没时间听我分享；我在生理期不舒服时，妈妈也没有在身边陪陪我，让我很无助。爸爸妈妈，我希望你们能分点时间给我，陪着我一起长大，让我感受到陪伴的温暖。

2. 爸爸妈妈，你们听我说！

在爸爸妈妈面前，解释就是顶嘴，沉默就是耍性子，不说话就是赌气，哭泣就是矫情，我做什么你们都觉得不对。于是，我就和你们对抗，用你们努力赚的钱买奇装异服，用另类的打扮气你们。我就是想让你们关心我的内心真实感受，理解我。

3. 爸爸妈妈，教教我怎么做，好吗？

我已经是五年级的大孩子了，有了自己的想法，但是我觉得自己还不够成熟，对于身边发生的事情，比如结交朋友、解决与同学之间的小纠纷等还是很恐慌，我需要你们给我建议，这样我才有足够的信心面对这些问题。

总的来说，和风细雨的教育，高质量的陪伴，深入心灵的指引，比打骂更有力量和效果。教育的本质在于引导，而不是打击和贬低，更不是放任。每个孩子都想得到父母的认同和鼓励，养鱼重在养水，养树重在养根，养人重在养心。

实施指南

在一个人的成长过程中，家庭教育是核心。对于一个急于摆脱“幼稚”，渴望“独立”的小学五年级孩子而言，父母应端正教育心态，重视子女反馈的信息，通过引导，使孩子意识到自己言行上的不妥之处，帮助其不断修正自己的行为。在改变过程中，家长及时给予赞赏，使孩子感受到关爱，快乐成长。

◆ 策略一：和孩子进行有效沟通，摒弃过度溺爱心理。

当孩子提出的要求父母全部都满足时，他们就会觉得这是爸爸妈妈应该为自己做的。等到哪一天父母没做到，他们就会觉得父母不好。有了父母付出是理所当然的想法，孩子就会对父母的付出视而不见，并且逐渐发展为只懂索取，不懂感恩。这样的孩子，长大后会是什么样？面对孩子的无理要求，父母一定要坚持原则，不要让孩子觉得一切都是理所应当的。如果孩子因为想要某些东西而跟父母哭闹、生气，在和孩子沟通几次后，父母可以从中选择一次满足孩子，让孩子明白沟通的重要性，并且让孩子明白父母的付出不是没有限制的。

◆ 策略二：引导正确交友，发挥同伴互助学习的力量。

家长要引导孩子学会正确交友，收获同伴互助的力量，正所谓“三人行，必有我师焉”。

> >> 1. 家长应鼓励孩子广泛交友，引导孩子多交益友。

五年级是孩子学习如何融入集体、走入社会的重要阶段。家长应多鼓励孩子和同龄人交往，和同学多交流沟通，拓宽交友范围。在和他人的交往中，孩子能够锻炼沟通能力、合作能力，还能锻炼孩子识人善辨的能力。面对孩子的交友，家长一方面应放手让孩子去行动，不要过分限制孩子交友的类型；另一方面，家长也要告诉孩子交友时应有自己的原则和底线，如，不抽烟、不喝酒、不出入夜总会等娱乐场所。有了底线和原则，孩子才能在与朋友交往时保护好自己，并在众多朋友中发现哪些人是和自己志同道合、能帮助自己成长的益友，从而深入交往下去。

>> 2. 家长要尊重孩子的朋友，并适度表明自己的态度。

孩子在同伴交往中，会逐渐形成自己的交友倾向，选择自己欣赏的，与自己脾气、性格合得来的小伙伴作为自己的好朋友。这个时候，作为家长既不能置之不理，也不能过度干涉，明智的选择是做一个默默的监督者和守护者，以平等、尊重的态度引导孩子们正确交友，并与孩子一起发掘小伙伴的优点和长处。

>> 3. 家长应该给孩子传授必要的交友礼仪。

适度、恰当的礼仪不仅能给他人可亲可敬、可合作、可交往、可信任的印象，而且会使与他人的合作过程充满和谐，更容易成功。为此，家长可以这样教孩子：①与人见面时，要面带笑容，暖心地问候几句，或者招呼致意等，这是与老师、与同学建立良好关系的第一步。②与人交谈时，要用目光注视对方，并随着谈话内容的发展而变化，同时要尊重对方，认真聆听，不要东张西望，等别人把话说完再发言，注意保持谦虚的态度。③拒绝他人时，一方面要向对方说清楚原因，做到实事求是，不可以弄虚作假、胡编乱造，同时寻求对方的谅解；另一方面注意保持委婉的态度，既要尊重对方，又要说话适当、得体，让对方能理解、接受。

◆ **策略三：帮助孩子树立正确金钱观，理解金钱存在的意义。**

教育孩子，首先需要父母成为称职的“老师”。一般来说，父母有怎样的思想观念，孩子就会成为怎样的人。因此，在对孩子进行理财教育，让孩子树立正确金钱观之前，父母先要检讨自己的金钱观，想想如何成为孩子的榜样。

其实，对孩子进行理财教育，首先是让他们正确理解金钱，认识金钱与其他事物之间的关系，而后才是依靠聪明才智和技巧创造财富。那么，怎样帮助孩子树立正确的金钱观呢？银行家尼尔·高德佛瑞曾经对父母提出过这样一个建议：对幼儿进行游戏教育，让孩子从小认识钱币，学会找零钱；当孩子稍大一些后，可以带他们去购物，并和他们讨论所购物品的价格。

通过使用上面的方法，家长能让孩子正确理解金钱和商品之间的关系。当然，在让孩子正确对待金钱的过程中，父母还会遇到许多麻烦事。比如，带孩子购物时，如果不给他们购买想要的东西，孩子常常会生气耍赖。针对这种情况，父母可以在出门之前和孩子讲好条件，这样既尊重他们，又避免不良结果的出现。

◆ 策略四：家长适时表达内心的赞赏，促使其找到自我价值。

> >> 1. 赞赏孩子的努力。

赞赏孩子的努力是很重要的教育方法。父母表扬孩子的努力，能够给予孩子信心。父母欣赏孩子的努力，孩子也感受到努力的快乐，这样的赞赏是聚焦于孩子本身，能让孩子感受到真正的自信，建立真正的自我价值感。

通过父母的赞赏，孩子能获得自我价值感的满足。这种快乐是内在的、稳定的，孩子不需要依赖于外部的评价就能获得满足。

> >> 2. 赞赏的方式。

父母赞赏孩子时，应该表达感受而不是评价。比如，可以把“你画的画很好，你讲的故事很棒，你刚才的分享行为很好”变成描述自己感受的语言，“我很喜欢你的画，画的构图很美”“我很喜欢听你讲故事”“你刚才分享玩具给弟弟，弟弟很开心”，这样的语句就不再是评价，而是个人的感受，是平等的反馈。即使孩子接收到不好的反馈，他也会慢慢知道“那仅仅是父母的感受、观点，不代表对我的否定，我的个人价值也不是别人能够评判的”，这样孩子就不会因为别人的正面评价而沾沾自喜，也不会因为负面评价而失落、受挫，他们不会活在别人的眼光里，他们对自己有一个正确而清醒的认知，知道自己要什么，不会被别人所左右。

> >> 3. 发展孩子的自我价值感。

当孩子拿着一份不是很理想的成绩单来问父母的意见时，各位会怎样回应呢？可能有的家长会说：“我看到这段时间你很努力，虽然成绩不是很理想，努力把弄错的这些知识点学会就可以了。”这样的回应很好，但是如果想要更好，可以这样引导孩子：“你自己觉得怎么样呢？爸爸妈妈看重成长而不是结果，我们不会因为一时的好坏而评判你。前段时间看你很努力，我们觉得很开心。”这样的回应，是在积极引导孩子进行自我评价。我们一切的努力都是为了让孩子产生良好的自我判断，产生积极的自我价值感，让孩子更自信。

孩子成长就像航海一样，我们必须掌好舵，和孩子在航海过程中一起迎接挑战，指引孩子正确的前进路线，助孩子健康快乐成长。

◆ 策略五：注重提高对家庭教育的认识，做有智慧的家长。

在目前家庭教育的研究中，有四种家庭教育类型受到广泛认可：专制型、权威型、放纵型、忽视型。详见下表。

类型	主要表现
专制型	家长对孩子的控制度很高，接受度很低。家长会强加很多的规矩，会使用羞辱惩罚等手段来要求孩子严格遵守规定。家长和孩子之间缺少畅通的交流途径。在孩子心里，这类家长的形象往往是可敬可畏的
权威型	家长会对孩子有要求，有控制，他们会设置清晰的规则并且持续性地强化规则，会去跟孩子解释规则背后的意义，同时也积极听取孩子的想法并做出正面回应。在孩子心里，这类家长往往是可敬可爱的
放纵型	家长会鼓励孩子表达感情，并积极回应孩子，但是他们很少给孩子设置规矩，即使有规矩也常常因为体谅孩子而难以持续下去。孩子往往会很爱父母，但是却往往对父母缺少应该有的尊重
忽视型	家长很少参与到孩子的成长中。他们好像并不是很关心孩子，抑或是家长被自己的问题已经搞得晕头转向了，没有精力给孩子关爱和引导。在孩子心里，父母和自己仿佛永远隔着一堵墙，难以感受到家庭的温暖和凝聚力

通过阅读上述表格，家长可以对照自身的行为习惯，有目的、有意识地进行调整和优化，趋利避害，取长补短。总的来说，作为家长，我们需要不断学习和更新自身在家庭教育上的知识储备，用科学的理论指导自己的教育实践，不断提高自己的家庭教育水平，成为新时代有智慧

的家长，给孩子创造和谐、温馨的成长环境。

延伸拓展

孩子的健康成长离不开外部环境和内部心理因素的影响。家长应该在孩子行为、性格、择友、思想等方面多多关注，一方面密切了解孩子的成长动向，另一方面让孩子独立去做选择和处理矛盾。在这个过程中，我们怎么把握这个度呢？家长不妨参考以下内容。

一、阅读推荐

>>> 1.《非暴力沟通》(著者:[美]马歇尔·卢森堡；译者：刘轶；出版单位：华夏出版社)。

理由及建议：该书将“非暴力沟通”这种沟通方式介绍给读者。将其划分为“表达”和“倾听”两方面，其中“表达”又细分为“观察”“感受”“需要”“请求”四个要素。通过学习这些方面和要素的详细解读，人们可以扭转负面的思维趋势，学会用温和的方式化解人际冲突，以维持轻松和谐的人际关系。

>>> 2.《读懂孩子：心理学家实用教子宝典(6～12岁)》(著者：边玉芳；出版单位：北京师范大学出版社)。

理由及建议：该书提出以系统地看待孩子身上出现的关于行为、情绪、人际关系以及疾病等方面的问题，在家庭的因素上探究孩子出现问题的原因，以联结父母优点的方式加以引导，从根本上解决孩子的各类问题。

二、视频推荐

电影《小孩子不笨》

理由及建议：该片以三位小男孩的成长为题，记录他们在学校内外的生活。剧情结构巧妙，让人在捧腹大笑的同时深思。影片中三位男孩的父母分别采用不同的教育方式：棍棒教育、家长式说教、放任自流。一连串突如其来的意外，令三个孩子都发生了变化，每个人的变化都出人意料，但却又合乎情理。一个有关教育、成才的感人故事通过银幕呈现，其中有悲有喜，有爱有恨，给人们的教育观念带来了深刻影响。

评估改进

一、自我评估

下面是一些家长在教育孩子时的一些情况描述，请根据实际情况进行填写，如果您的情况与描述相符，请在□里画“√”，否则画“×”。

1. 您是否采用下列权威型的方式教育孩子？

□我鼓励孩子要有独立性
□我尊重孩子的意见，并鼓励孩子把自己的意见和想法说出来
□当我要我的孩子做什么事情时，我都会先耐心地向他解释为什么
□当孩子做错什么事情时，我会耐心地和他谈谈

2. 您是否采用下列专制型的方式教育孩子？

□我不允许我的孩子对我的决定有任何意见
□我认为棍棒之下出孝子，体罚是管教孩子最好的方式
□我不让孩子玩游戏，因为游戏对孩子有危害
□我给孩子制定一些严格的规矩

> >> 3. 测测您是否采用下列溺爱型的方式教育孩子？

□孩子的事我都会帮他做

□在家里，孩子就是家庭的中心

□孩子想要什么我都会尽量满足

□我给孩子很多零用钱

【评估参考】

根据您在上面的情况填写，“√”得1分，“×”得0分，得分最高的题目即为您在教育孩子时最常用的教养方式。

二、改进计划

亲爱的家长，您好！阅读本专题后，您应该对如何避免孩子的健康成长受到内外不良因素的影响有了全面的认识。下面请您结合实际情况，写出自己的改进计划，并逐项完成。

第六专题 在达成育人共识中升华感恩之情

著名教育家苏霍姆林斯基说："教育的效果取决于学校和家庭影响的一致性，如果没有这种一致性，那么学校的教学和教育过程就会像纸做的房子一样倒塌下来。"教育孩子不能只靠每周五天的学校教育，还需要家庭和社会的密切配合。家庭是孩子成长的殿堂，家长是孩子心灵的导师。父母要积极主动与学校、老师沟通，家校教育携手，从日常生活入手，从知情意行入手，激发感恩意识，抒发感恩情感，引导感恩实践，培养学生感恩品质，塑造学生健全人格。

主动沟通
——理性地听取学校的建议

案例分析

小汤是一个五年级的学生，从三年级开始她的语数英成绩就一直不理想，平时没有养成良好的上课习惯，喜欢把玩铅笔橡皮尺子，或者是发呆神游。渐渐地，小汤跟不上课堂学习的内容，当天的课堂作业也常常磨蹭到放晚学之前才上交。小汤的学习成绩因此直线下降并对学习逐渐失去了信心，甚至还出现了自暴自弃的苗头。于是小汤的妈妈主动与老师沟通，希望老师能帮助解决小汤的问题。了解了孩子在家的有关情况，老师和小汤家长共同分析、研究、制订一套帮助他的最佳方案。经过一段时间的努力，小汤变了，坏毛病改了许多，学习也有所进步。

案例中的小汤能够改变他的坏毛病归根结底是来自老师和家长的沟通合作。家长在发现小汤最近出现的各种消极表现之后马上联系了老师，请老师帮忙，双方共同想办法解决小汤最近出现的问题，这是家校合作的典型案例。孩子健康人格的形成，离不开学校的教育和家庭的影响。

1. 家庭影响孩子的健康成长。

小汤的不良表现在他成长的路程上亮起了红灯，好在小汤的家长一直关注着他的学习情况，每天监督孩子完成家庭作业，并积极主动地与老师沟通交流，共同找寻方法改变小汤的现状。小汤的家长也深知自己孩子的缺点，面对孩子身上出现的问题，他们没有消极应对，而是选择直面问题积极找寻解决方法。

2. 家校沟通为孩子架起健全人格的桥梁。

小汤妈妈主动与老师沟通，和老师交流孩子在家的学习状态，使老师与家长对孩子的学习状态有了更全面的了解。在家校的共同合作下，小汤重拾了对学习的信心，感受到了成长的快乐。可见，家校的有效沟通和通力合作对孩子的成长是非常重要的。

3. 多方配合，促使转变。

有了家长与老师的配合，小汤慢慢转变了学习的态度，学习上也渐渐有了自信心，课堂上听讲也更专注了。慢慢地，小汤改掉了拖拉磨蹭的坏毛病，积极上交每天的课堂作业并及时改正，正确率也比以前高了许多。同时，小汤的成绩也有了明显的进步。

现在有很多家长陷入了一个错误的家校联系模式，有些家长平常对孩子的学习关注较少，也不会主动与老师与沟通。有的家长只关注孩子的家庭作业和期末成绩，如果期末成绩不理想才会主动与老师进行沟通，试图找到问题所在。也有家长认为，如果孩子在学校出现问题了，老师会主动去联系家长，老师不主动联系家长就代表自己的孩子在学校没有问题。这些家长其实都对自己孩子的在校学习状态以及作业情况了解甚少。

其实，父母与老师是孩子最亲密的“战友”。现在的沟通方式很多，也很便捷。比如，打电话、发短信、QQ 留言等都可以使父母及时与老师联络。顺畅的沟通可以让父母与老师及时掌握孩子动态，在孩子最需要帮助时及时施以援手。

了解孩子

小学高年级的孩子大脑发育已经成熟，孩子会从懵懂的小屁孩逐渐蜕变成能独立思考、有思维能力的青少年，实现智力、认知能力的大越级，他们的性格也进一步突显，人格进一步成形。五年级孩子逐步显现出以下阶段性成长特征，详见下表。

类型	主要表现
认知特征	孩子更频繁地接触自然和社会，有能力发现其中的问题，但仍缺少实践解决问题的能力
心理特征	竞争意识增强，不甘落后。更关注学习成绩，对于学习成绩优秀的同学开始产生敬佩之情；独立能力增强；喜欢自发组成小团体；渐渐出现逆反心理，孩子想要表现自己内心的真实想法
行为特征	自控能力、自我意识和独立意识逐步增强，不轻信吹捧，跟随自己的意愿去做事。他们希望和大人一样，渴望自由、独立，想要掌握自己的方向

根据马斯洛的需求层次论，五年级的孩子处于需要安全、爱和归属感以及少量的尊重这一个层次。当家长对孩子的批评多于表扬时，孩子

就会觉得自己在家长眼里一无是处，明明自己做得不错，已经是尽力而为了仍然受到批评，怎么做都是错。久而久之，孩子认为在家庭中得不到爱，没有获得尊重，因此当家长再次开口说话时，孩子会表现出一副不想听的表情。

其实孩子们不愿意和家长沟通都是有原因的，让我们来听听孩子们的心声。

1. 渴望被认可。

当我写完作业想和妈妈聊会儿天时，妈妈却说："快点读书去，多读点儿书才能增长知识。你看你们班的雨彤，每学期都能读好几千页书，你咋就不爱读呢？"妈妈，我想对您说，您怎么就看不到我的努力呢？您经常教育我说别人家的孩子好，可我也一直在努力。我希望能得到您的肯定和鼓励！

2. 渴望陪伴。

我的爸爸妈妈一回到家不是玩手机就是看电视，谁都对我不理不睬，我好伤心。我真希望爸爸妈妈能陪我说说话啊！

3. 有信任，才能更好地沟通。

妈妈很不相信我，在我写作业的时候，妈妈进屋要是看到我没写字，就会对我大吼大叫。其实，我是在想题，可妈妈就说我在玩，妈妈为什么就不能相信我呢？她怎么就不听我解释呢？我希望能得到您的肯定和鼓励！

鲁迅先生说："孩子的世界与成人截然不同，倘不先行理解，一味蛮做，便大碍于孩子的发达。"父母要充分了解孩子，倾听孩子的心声，走进孩子的世界，更好地帮助和教育孩子，在家校共育时提供更有效的信息与资源。

实施指南

家长与老师主动良好的沟通是家长与学校之间一座重要的桥梁，每个孩子的健康成长都是家长、老师共同配合的结果。老师有一套教育思想，家长也有一套育儿方法，五年级的孩子也有自己的思想，如何让家长和老师统一教育思想的同时又能使孩子乐于接受呢？最好的方法就是沟通。家长与老师之间需要积极的配合，共同激发孩子在学习上的信心和驱动力。只有家长互相理解，学会换位思考，与老师形成了长期融洽的沟通，才能更好地促进孩子健康、快乐地成长。

在教学过程中，老师经常会遇见以下三类家长：

①"封闭型"家长希望孩子自由成长，完全尊重孩子的想法。他们认为小学阶段学习的好坏对孩子的未来发展影响较小，只要孩子健康快乐成长即可，不必强加干涉，也不用主动与老师沟通孩子学习和生活上的问题。

②"中立型"家长认为主动沟通是可以的，但不是必要的。他们认为家长可以偶尔与老师联系，询问孩子的在校情况，或是在考试过后与老师进行交流，一般选择在孩子期中考试前后和期末考试之前这两个重要节点，以便于了解孩子的总体学习水平。

③"主动型"家长认为孩子的学习成长过程尤为重要，家长确实应该监督好孩子每天的家庭作业完成情况。如果孩子学习上遇到困难，家长需要主动与老师共同交流，积极为孩子找寻解决方法。平常也会多和老师交流孩子在学习和心理上的发展状况，让老师也更能了解孩子。

其实，一个老师面对的是几十甚至近百名学生，所以老师没有时间、精力全方面了解每一名学生。很显然，老师和学校都需要更多的“主动型”家长来配合学校教育，达成家校共育。为此，家长可以尝试以下几种行动策略。

◆ 策略一：与孩子共同成长。

分析孩子的问题找出引发问题的根源，最终的目的还是在于解决问题。如何解决呢？这需要家长把握两个点：遵守五大法则和适当的引导。

1. 尊重、平等、互动、沟通和注重孩子心理的健康成长。

尊重、平等、互动、沟通和注重孩子心理健康成长是父母引导孩子成长的重要方面，尊重、平等是沟通的基础。父母重视孩子的全面发展，根据孩子的实际情况设置合理的目标。小汤的家长在孩子变化的过程中不是一味地打击、批评，而是通过沟通帮他排忧解难，并适时给予鼓励，让他重新找回信心，真正感受到学习和乐趣。

2. 适当的鼓励和引导。

在孩子遇到困难、挫折时，父母的鼓励使孩子扬起自信的风帆；孩子做事有顾虑时，父母的引导是孩子“我能行”的助推器，让孩子放下思想包袱，大胆去做。这便是小汤妈妈注重与孩子进行交流，注重培养孩子情感、态度、价值观的教育经验。

孩子一路的成长过程，也是其习惯养成的过程，除了老师对孩子的教育，作为家长要创造条件，优化环境，学会培养孩子的良好习惯。这就要求家长对孩子进行适时的引导和鼓励。家长用科学的教育方法适时引导、点拨、鼓励，在孩子点点滴滴的进步中留下一个个小成功，将会铸就孩子人生的大成功。

当幸福使者把幸福的“种子”给予父母时，父母就要用良好家庭氛围去培育孩子，要用先进家庭教育的理念浇灌孩子，使孩子茁壮成长，开花结果。同时家长要做学习型家长，在家校共育中共同进步；与孩子牵手，在亲子教育中共同成长！

◆ 策略二：冷静教育，引导孩子换位思考。

当出现矛盾冲突时，孩子因为尚未完全成熟，很难充分考虑到大人或别人的感受，这个时候就需要家长冷静教育，引导孩子换位思考。

调查显示，很多家长在教育孩子的时候会走入固执己见的误区。受传统家庭教育观念的影响，有些家长对孩子形成了固定的看法和结论，在生活中总是以自己的观点片面地来衡量孩子、管教孩子，很少会考虑孩子的感受。这样对孩子的成长并不好，容易让孩子产生叛逆心理，不利于家庭教育的展开和进行。

家长不妨用换位思考的方式教育孩子，这样有利于从情感上促进家长和孩子的沟通交流，促进家长和孩子之间的信任与理解，为改善双方的关系奠定基础。更为重要的是，家长要学会站在孩子的立场考虑问题，这可以让家长改变固执己见的不良教育方法，让孩子和家长互相理解。

那么，家长怎么改变呢？

›› 1. 以孩子的心理教育孩子。

有些家长认为换位思考，以孩子的角度看问题容易宠坏孩子，实则不然。理解孩子并不意味着向孩子妥协，不等于无原则地溺爱孩子。实际上，家长懂得换位思考，在教育孩子的过程中充分考虑孩子的心理，孩子会更愿意接受家长的建议，更愿意听家长的话。

换位思考是解决问题的前提，也是教育孩子非常好的方式。家长可以从孩子的角度教育孩子，充分了解孩子的心理，从而更有针对性、更平和地教育孩子。

12岁的小韦非常喜欢看电视，而爸爸和小韦关于看电视节目的分歧总是以小韦挨揍为结局。妈妈觉得这样处理对小韦的成长不利，于是建议爸爸换一种教育方式，让他换位思考，以小韦的角度想问题，教育时要考虑小韦的感受。体罚并不能解决问题，爸爸听取了妈妈的意见。当争执再次发生时，爸爸并没有像以前那样强制换台并加以惩罚，而是平静地对小韦说："儿子，我知道你想看这个电视节目，但它真的不适合你这个年龄段的孩子看。即使你再哭再闹，爸爸也不会答应你的要求。现在，你可以选择其他的电视节目看。"

出乎意料的是，小韦也没有像以前那样哭闹，而是乖乖地拿起遥控器换了一个少儿频道，津津有味地看了起来。

爸爸从换位思考做起，充分尊重了小韦的心理感受，在教育小韦看电视的问题上取得了良好的教育效果。换位思考是家长在家庭教育时非常好的方式。父母只有真正理解孩子，用孩子能接受的方式进行家庭教育，才有可能会收到令人惊喜的效果。

2. 不妨尝试参与孩子的活动。

家长和孩子之间出现矛盾，很多时候是因为没有换位思考，即孩子的活动家长不理解，总是按照自己的观点否定孩子。

对家长而言，进行换位思考，走进孩子的精神世界是非常有必要的，比如对待孩子参与活动，如果活动主题、内容积极向上，家长都可以予以支持和理解。家长还可以尝试着参与到孩子的活动中去，在活动中和孩子互动，这样孩子会因为家长的包容和理解而感激，这对促进家长和孩子之间的关系也具有重要的作用。

"有一位母亲因为孩子喜欢下象棋，而主动学习下象棋的规则，并利用闲暇时间与孩子一起切磋，这样她就可以和孩子有更多的话题了。"我们经常会看到类似这样的新闻报道。这位母亲的用心良苦显而易见，尤其是她让亲子关系变得更加和谐了。因此，家长不妨改掉固执己见的教育方式，尝试着参与到孩子的活动中去，和孩子一起快乐成长。

策略三："尊重"教育，让孩子愿意沟通。

人人都喜欢被认可，五年级的孩子也希望得到赞扬、受到鼓励，得到认同，他们要感受到被尊重了才愿意沟通。父母是孩子的第一任老师，更是孩子终身的老师。教育是一门学问，适当的引导可以让孩子更加有效地解决问题。

》》 1. 帮助孩子端正学习态度，培养其学习能力。

好的学习态度能帮助孩子成功，而不好的学习态度则会阻碍孩子的学业发展。要想使孩子端正学习态度，具备较强的学习能力，其原动力来自孩子内心，来自热爱的驱动。那么，家长如何使孩子对学习感兴趣？对于五年级的孩子来说最有效的方法是让孩子感受到学习带来的好处，这种“好处”可以是物质的满足，也可以是精神上的满足。比如一次考试成绩的进步，让孩子看到自己的努力有了回报；或是在努力学习之后的一次畅快的游玩，让孩子体验付出后的快乐。

孩子缺乏端正的学习态度，学习能力也不足，部分原因在于没有从学习中得到正向反馈。因此，家长也要重视孩子在学习过程中的所思所想，多鼓励孩子，在孩子遇到困难时及时给予帮助，让孩子爱上学习。

》》 2. 启发孩子思考掌握学习方法，培养其成就感。

掌握好的方法和具有良好的思考习惯在学习中是非常重要的。随着孩子年龄的增长，这种作用会越来越明显，所以“授人以鱼不如授人以渔”。家长在家庭教育中和在陪孩子学习的过程中，可以多启发孩子思考，拓宽孩子的思维方式，培养孩子良好的思维习惯，帮助孩子掌握学习方法和学习技巧。比如，孩子在背英语单词的时候，为防止孩子漏词，影响学习效果，可以教孩子用指读的方法，这样孩子能记得又快又准确。那什么是良好的思维习惯呢？简言之，就是在学习的时候能主动思考。这不仅能帮助孩子“知其然”，还能“知其所以然”。勤于思考并且善于思考的孩子，会逐步掌握适合自己的一套学习方法。掌握了良好的学习方法，孩子的学习就会游刃有余，学得又快又好，从而更加热爱学习。

到了五年级，孩子既要及时完成更繁重的学习任务，还要积极应对日益扩大的社交圈。面对这样的情形，很多孩子会因学习和生活的压力过大而容易迷失自我，甚至有所消沉。这时候，作为家长，我们需要主动与学校沟通，理性听取学校的建议，并结合孩子的实际状态，共同制定出符合孩子特点的帮扶计划，从而有针对性地帮助孩子改变心态、重拾信心。只有家长和学校密切合作、携手并肩，孩子才能在充满挑战和变化的五年级真正实现个人的蜕变，并健康、快乐地成长。

关心社会
——跟孩子一起参加社会实践活动和公益活动

案例分析

案例一：安心读书就好了。

小杉是一位五年级的学生，同学告诉她植树节有一个公益植树活动，想邀请她一同参加。她回家后告诉妈妈自己想参加这个活动，妈妈却说："妈妈周末要加班，你读书就好好读书得了，种树不该是你一个学生做的事，浪费时间，而且种树很辛苦的，你在家就好了。"从此以后，小杉再也没有提出类似的愿望。

案例二：我只在乎我的世界。

明明是一个12岁的男孩，平日里除了学习就是玩游戏。小区举行游园活动，他看到别的同龄人在玩游戏，他却说："幼稚，有什么好玩的。"看到其他同学在社区做义务劳动，他又说："真傻，做什么劳动，又不是自己家。"

案例一反映出一些孩子内心想参加社会实践，参加公益活动，但是却因为家长的反对而没有机会参加，从而造成孩子被动放弃、冷漠；案例二则反映出，一些孩子对社会生活漠不关心，没有社会责任感，对于劳动更是有偏见。

是什么原因造成孩子们脱离社会，不愿意参加社会实践活动呢？

> >> 1. 家长教育观念的影响。

很多家长会这样对孩子说："只要你把学习搞好了，别的什么都不用你管，什么活儿也不用你干。"甚至认为孩子始终都是要步入社会的，现在不用着急去参加社会实践，更不用关心社会上的事。家长们没有意识到，参加社会实践活动也是孩子学习成长的重要途径。孩子终究要长大，要离开父母走上社会，他们将来也要为人父母，如果不从小培养其独立自理能力，放手让其参与社会实践，他们长大后会无所适从。孩子从小学到大学，要通过各种各样的考试。为了顺利通过这些考试，无论是老师还是家长都反复强调学习的重要性。有些家长甚至认为学习压倒一切，分数决定命运，德育、体育、美育都不重要，劳动、社会实践更是不值一提的事。这种错误观念带来的后果是不可想象的，父母在帮助孩子抓学习的同时也要培养孩子的自理能力。从儿童心理发展规律看，年龄越小，孩子的可塑性越强，越容易接受各种事物和各方的教育，培养孩子的劳动能力、社会实践能力的效果越好。

2. 学生自身不感兴趣。

由于社会的发展，可供人们娱乐的方式越来越多，很多的学生对社区活动、社会实践活动都不感兴趣，更不爱去参加这些活动，在他们眼中这些都是无趣、可有可无的事情。所以，这也导致了很大一部分学生不关心社会、不愿意参加社会实践活动。

3. 家长没有发挥好榜样作用。

模仿是孩子最基本的学习手段之一，孩子的学习活动是从模仿开始的。最有效的引导莫过于父母的身教，凡是要求孩子养成的各种良好习惯，父母都要身体力行。有些父母做事拖拖拉拉，起床不叠被，饭后不洗碗，在这种影响下，孩子怎么会勤快？如果父母对社会上的事漠不关心，抱着事不关己高高挂起的态度，孩子又怎么会关心社会呢？因此，要培养孩子的社会责任感，父母必须做出好的榜样。

4. 学校压力大。

从学校方面来看，开展社会实践活动是德育的重要途径，但学校也面临很大的压力。首先，要充分考虑安全问题。组织社会实践活动时，学校必定要在安全方面进行周密考虑和布置，但不怕一万就怕万一，现在很多孩子都是独生子女，万一出现安全事件，将会对一个家庭造成极大伤害，学校也将承担主要责任或负全责。其次，要有明确的目的。活动的目的性不一定能得到家长的认可，因为德育教育是一个润物细无声的过程，可能并不会产生立竿见影的效果。

了解孩子

五年级孩子正处于由儿童期向青春期过渡的关键时刻，身心发展骤变。这时期的孩子自我意识、独立意识明显增强，组织能力与独立解决问题的能力增强。一般有以下几个特点。

一、性格发展处于善变的状态，对实践活动的兴趣不够持久。

五年级的孩子对各种事物充满好奇，行为容易受到情绪的影响和支配。虽然自我控制能力已逐渐增强，但自我反思、调节能力尚未成熟，因此性格发展尚未趋于稳定，容易处于矛盾的状态。这些都使得孩子对实践活动容易出现“三分热度”的现象，无法真正体会到实践活动的意义和价值。

二、自我意识逐步得到发展，在实践中越来越在意他人的评价。

随着自我独立意识增强，五年级的孩子不仅会在意自我评价，而且也很在意他人对自身的评价。在实践活动的过程中，他们渴望老师、家长的认可与尊重，希望被当作大人一样看待，而不是要求他们事事顺从。这个年纪的孩子在实践中敢于对他人的行为提出批评意见，对于不公正的处理会有不满的情绪，这些都是孩子自我意识增强、希望展示更好的自己的重要表现。

三、竞争意识增强，喜欢在实践中找到成就感。

五年级孩子的竞争意识明显增强，同时更懂得向优秀的同学看齐，更懂得如何去努力。在实践的过程中，孩子虽然容易产生失败感，但是家长和老师的鼓励会让他们更有信心和勇气战胜困难，从而在实践中收获更多的成就和快乐。

五年级的孩子对学习充满好奇心，对于社会实践亦如此。接下来，我们不妨来听一听孩子们的心声吧！

1. 我也想参加实践活动。

我奶奶经常跟我说，小孩子把书读好就可以了，不要浪费时间去做别的事。所以每天回到家，奶奶把饭菜都做好了，我一吃完饭，奶奶就让我去写作业、看书。周末爸爸妈妈又给我报了好几个兴趣班，周末都是满满的，和小伙伴们一起玩的时间都没有，更别说去种树了。我觉得，参加植树这样的实践活动不仅不会影响学习，反而能让我们在活动中增长见识，学会合作。

2. 我想让你们多陪陪我。

我知道爸爸妈妈平时工作很忙很辛苦，但是我很需要爸爸妈妈的共同陪伴，我很希望爸爸妈妈能多陪陪我，和我一起散步、打球、劳动。我已经是五年级的学生了，再不陪我，我就长大了。

3. 我想尝试做家务。

妈妈经常说，以前她像我这么大的时候会做很多家务，而我什么也不会做。妈妈这么说让我有些难过。我不是不会做，而是妈妈从来不让我做家务，更不会带我去参加有意义的社会实践活动。我希望妈妈能相信我，让我多做一些劳动。

现在每个家庭中的孩子都如众星捧月一般被呵护着。作为家长，我们要明白孩子既要掌握科学文化知识，也要全面发展。家长如果不允许孩子参加社会和各种公益实践活动，那么对孩子的健康成长是有一定影响的。

实施指南

从古至今，大多数对国家对民族做出卓越贡献的优秀人物，都在青少年时代就具有了强烈的社会责任感和历史使命感，因此，培养孩子的责任感对于孩子的成长来说是十分重要的。当一个人具备一定的责任感，才能自觉、勤奋地学习、工作，做各种有益的事情，掌握各种技能。孩子必须从小培养责任感，以便长大后能适应社会，能照顾家庭，完成本职工作，尽自己的义务，从而成为优秀人才。

◆ 策略一：家长要让孩子明白什么是社会责任感。

孩子生活在社会环境中，要学会关心社会，具备社会责任感。一名小学生的社会责任感不需要像警察维护社会稳定、医生救死扶伤、战士抗洪救灾保卫祖国那样。作为家长，我们应该教会孩子对自己负责，对身边的人负责，对所做的事负责，让他们明白，做好这些事就是自己对社会应尽的一种责任，如认真完成每一项具体的学习任务，关心同学，孝敬长辈，认真做好值日，为集体争光，自觉遵守各项规章制度，等等，这些就是孩子应尽到的社会责任。

◆ 策略二：家长的言传身教。

小西成绩一般，平时还挺听话的，可他有一个坏毛病，就是不懂得收拾自己的东西。书桌里的书乱七八糟，像一个垃圾筒。开学不久，作业本、练习册不是丢了封面，就是撕破了，折起了角。没有一份作业是干净整洁的。每天值日的学生一定会从他的座位下扫出废纸、作业本、笔等。班主任经常提醒他把自己的学习用具整理好，并做定期的检查，但才收拾整齐了，可没过两天，又会恢复原样。

班主任在家访中了解到，小西的坏习惯来源于妈妈的过度关爱。过分的关爱和庇护导致了孩子处处要依赖他人。此外，班主任还从小西妈妈那里了解到小西的爸爸本身是个不爱整理的家长，家里也乱得一团糟。这就是家长言传身教的问题了。父母的言行会影响到孩子的成长。现在爸爸不爱收拾的习惯，也深深地印在了小西的头脑中。

由此，我们不难看出，父母的一言一行、为人处世，都会对孩子的成长产生深远的影响。因此，父母要从自身出发，言行一致，做一个有责任和有担当的人，比如自觉遵守交规，不乱丢垃圾，孝敬长辈，主动帮助别人，参加公益活动……潜移默化地感染孩子，让孩子在不知不觉中就学会关心社会，拥有强烈的社会责任感。

◆ 策略三：从培养孩子的劳动能力开始培养社会责任感。

《狐狸的故事》是一部日本的纪录片。在影片中，狐狸妈妈对自己生下的小狐狸们非常照顾，可谓舐犊情深。但在小狐狸们渐渐长大后，狐狸妈妈却像发了疯似地“逼”小狐狸们离开温暖的家。刚开始，小狐狸们都不愿意离开，但是狐狸妈妈就是不让小狐狸们进家，对小狐狸们又咬又赶，非要把它们都从家里撵走。最后，小狐狸们只好夹着尾巴落荒而逃，去开始自己的独立生活。狐狸妈妈看似冷酷，但它却懂得小狐狸们应该学会劳动，学会自己去捕食，学会去适应大自然，这样才能在残酷的环境中生存下去。

在教育后代方面，人类的父母有必要学学狐狸的智慧。由于家庭劳动教育的缺失，许多孩子在家里衣来伸手、饭来张口，这样的孩子走出家门后，很难适应新环境，也难以适应社会。为了孩子的健康成长和全面发展，家长必须更新观念，端正态度，重视对孩子的劳动教育，引导孩子关心社会，学习适应社会的方法，培养对社会的责任感。

◆ 策略四：鼓励孩子多参加社会实践活动。

社会实践最大的好处是让孩子真正地走出课堂，走进社会，体验生活。鼓励孩子适当地参加社会实践活动，有助于培养孩子自立自强，提高孩子的动手能力。例如让孩子参加夏令营活动，体验独立生活；可以到工厂了解工厂的生产程序，学习工人吃苦耐劳、坚忍不拔的精神；到农村体味农民的淳朴、善良、勤俭的美德……孩子可以亲身感受生活的多彩，感受生活的不易，从而从在思想上获得成长。在鼓励孩子参加实践活动时，家长需要注意以下三点：

①尊重孩子，让孩子自己选择，不要什么都帮他们安排好了。家长可以这么告诉孩子：周末可以看电视，可以去公园，可以骑车，可以去同学家，但要自己安排好时间。孩子长大了总需要有自己的时间和空间。

②在社会实践中遇到的困难，让孩子自己去克服。比如，植树时，孩子可能不会使用锄头挖树坑；野炊时，孩子可能不会自己生火；等等。出现这些情况时，家长不要着急，可以先让孩子按照自己的想法尝试，如果孩子向家长求助，家长再给予一些方法上的指导即可，千万不可全权包办。

③创造机会让孩子理解父母的辛苦。现在有许多孩子不懂得关心体贴父母，不知道父母的工作辛苦，不知道钱是用劳动换来的，认为父

母为自己所做的一切都是理所当然。家长可以把自己的工作向孩子说一下，告诉孩子自己的一天做了哪些事情，回家后还需要做什么。或者家长可以告诉孩子接下来一个月家长还家里需要买什么东西。让孩子有劳动的观念，有节俭和有计划的花钱意识。甚至可以在寒暑假的时候让孩子自己来当家，体会家长的日常家务。

总的来说，孩子责任感的形成不是一个简单的说理和教育过程，它是在家庭生活中，在参与集体和社会活动中，在人际交往的基础上，在主、客观多种因素的共同作用下逐步形成和发展起来的。其中父母的作用又是最大的，我们每一个家长应该把培养孩子的责任感作为家庭教育的重要内容，让孩子成为一个有界限、有担当、有人格独立的青少年。

助人自助
——做学校、班级活动的助手

案例分析

为迎接元宵节，学校开展亲子制作灯笼活动。元宵节那天，大家带来精美的灯笼，聚在一起猜灯谜，而小明却一个人默默地坐在角落里。这时一个同学大声说："老师，小明没有做灯笼！"大家都看向小明，他的脸瞬间红了起来，说："我做了灯笼。"他犹豫地拿出一盏白纸做的灯笼，这时大家都笑了，而小明却不由得哭了起来。后来询问了才知道，原来是他爸妈嫌做灯笼很麻烦，说这个跟学习毫无关系，所以他自己做了一盏简陋的灯笼。看到大家精美的灯笼，他觉得很失落。

还有一次，学校开展亲子运动会，特意准备丰厚的奖品。小明邀请妈妈参加，可却遭到妈妈冷漠回应："我很忙没空去，你还是好好写作业，努力提高学习成绩！"运动会这天妈妈果然没有来。小明闷闷不乐，回到家后不肯吃饭。妈妈向老师了解情况，原来是同学都有爸爸或妈妈来，但自己爸妈都不来参加活动，他觉得父母根本不爱他。妈妈听到后十分愧疚，原来父母不参加学校活动，对孩子的心理会造成如此大的影响。与老师进行一番沟通，她开始认识到家校合作的重要性。

不久，班里举行讲故事比赛，妈妈鼓励小明参加，每晚都陪他练习。比赛前两天小明问妈妈："您可以去观看我比赛吗？我怕到时比赛我会紧张。"妈妈说："不用紧张，妈妈相信你可以的。这次我请假去看你比赛，给你加油。"比赛那天，虽然小明朗诵时也很紧张，但是看到自己妈妈在场还是勇敢坚持。从此，小明越来越自信，由原来的沉默寡言变得踊跃发言，并且朗读也有了明显进步。小明的家长深刻认识到家校合作的重要性，家校合作能为儿童创造一个良好的成长环境，从而促进儿童健康的发展。

在案例中，小明的家长刚开始没有意识到参与家校合作的意义，不参加孩子的亲子活动，后面与小明、与班主任沟通之后，深刻认识到了家校合作的重要性。

1. 家长对学校"亲子活动"的价值缺乏认识。

近些年来，随着亲子教育的普及，家长们的观念也在不断地更新转变，他们大多认可亲子活动的意义，对亲子间沟通的重要性基本上表示赞同，懂得并能做到尽量抽出时间来陪孩子。虽然对于学校组织的亲子活动大多数家长都持认可态度，但由于家长工作压力确实存在，大部分家长还是只关注孩子的学习成绩，其他的活动不想多花时间和精力去参加。对于亲子活动是"有空才参加"，甚至直接是"没时间参加"。在学校组织的亲子活动中，一些家长会以工作忙没空参加为由而缺席，或由爷爷奶奶、外公外婆来替代，这就违背了"亲子活动"的初衷，自然达不到良好的教育效果。

家长积极与学校合作，能充分了解到孩子在校学习生活的情况，为儿童创造一个良好的成长环境，能提升家长的教育能力，提高教育的有效性，使家长在教育子女的时候更有信心，还能增进家长与孩子之间的感情。

2. 家长只关注学习成绩，不注重培养孩子全面发展。

有些家长依然维持传统的观念，认为孩子送去学校就是学校的责任，自己只要关注学习成绩就好，没有充分认识到家校合作对孩子全面发展的重要性，没有认识到参与家校合作是家长的权利和义务。家长要利用自身优势，为孩子们尽一份力，与学校一起为孩子营造和谐的教育环境。案例中小明的妈妈开始只关注孩子的学习成绩，觉得不参加学校活动和孩子的成绩没有多大关系。其实，不参加学校活动并不能让孩子专心于学习。学校举办亲子制作灯笼、亲子运动会等活动，可以锻炼孩子动手能力，提高孩子的交往能力，促进孩子的全面发展，让孩子变得更加勇敢和自信，还能拉近家长与孩子之间的距离，加强孩子与家长之间的交流与沟通。

3. 家长不积极参与学校活动，容易引发孩子自卑的心理。

案例中的小明之所以情绪低落，不愿意去赏灯猜字谜，原因是他没有美丽的灯笼可以和大家一起分享，他害怕大家看到它丑陋的灯笼。对家长来说，这只是一盏普通的灯笼，一个“毫无意义”的活动。而对孩子来说，大家都有精美的灯笼，唯独自己没有，这会让孩子感到十分自卑，对孩子的内心造成了极大的伤害。同样，当看到其他同学的父母到场而自己的父母不参加学校活动，孩子会产生强烈的孤独感和失落感，长此以往，会造成孩子自卑的心理。一些家长只关注孩子的学习成绩，不愿意花时间去参与学校的活动，没有意识到家长积极参与学校活动的重要意义。

了解孩子

进入小学高年级，孩子正处于由儿童期向青春期过渡的关键时刻，处于心理发展的骤变期，自我意识、独立意识明显增强，会面临各种人生课题，产生烦恼和焦虑。这一时期的孩子一般有以下几个特点：

一、五年级孩子情绪的强度和持久性迅速增长。

各种日常行为很容易受情绪的影响或支配。他们既有强烈的情绪体验，对人对事又都极为敏感，控制和调节自己情绪的能力也逐步加强，但仍缺乏自我分析、自我调节和宽慰的能力。因此，这个时期孩子的性格发展处于一种非常矛盾、变化无常的状态。如果家长不细心察觉孩子的情绪变化，重视孩子内心的感受，孩子会感觉被忽视，久而久之就不愿意与父母沟通。

二、五年级孩子在兴趣爱好等方面的差异日渐增加。

到了五年级，孩子们的个性和能力显现出来。有的孩子慢慢培养出一技之长，或擅长弹钢琴，或热爱写书法，或喜欢运动；有的孩子是全面发展，成绩很好，人缘很好，还积极参与校内外各种活动。在这一个年龄段，不同的孩子在兴趣爱好等方面的发展差异日益增加，也是孩子个性和人格成熟的关键时期。家长可以多观察，发现孩子在某一方面的特长或兴趣，通过兴趣和特长的培养，让孩子发现自身的价值，从而变得更自信，实现全面发展。

三、五年级孩子的竞争意识增强。

这个阶段的孩子会敬佩优秀同学，无论在学习还是在生活中都不甘落后。他们希望通过自己的行动，如积极参加学校的活动、努力学习考得好成绩等，以此希望获得身边人的赞扬，得到他人的认可与支持。同时，集体意识也在逐渐增强。

四、五年级孩子的自我意识开始崛起。

在亲子交往方面，由于这个阶段孩子的独立意识大大增强，他们对父母的要求不再一味顺从，他们强烈需要父母的尊重，需要父母把他们当作大孩子。但很多父母不了解孩子这一心理，仍把孩子当小孩子看待，所以这一时期的孩子常常因为得不到父母的尊重和理解，而与父母作对。其实孩子是渴望父母的理解，渴望得到父母的尊重。孩子的自我意识正处在形成期，他们对事物有了自己的观点和看法，对父母的命令和做法常常表示抗拒和疑惑，因此，亲子之间的代沟明显加大，理解和沟通会明显减少，这就需要家长主动与孩子沟通，学会换位思考。

对于五年级的孩子，学校和班级的活动总是极具吸引力的。大多数的孩子都很乐意在活动展现自我，这不仅可以让他们深入发展自己的兴趣爱好，而且可以帮助他们调节自身的心态，不断增强集体意识，并逐渐懂得互帮互助。这时候，家长不能只是旁观者，而应该积极融入孩子的校园生活，增加对孩子的了解，增进亲子之间的关系，让家庭教育的作用在共同的生活体验中得到适时发挥，有效助力孩子的成长。

通常来说，学校开展的大部分活动都欢迎家长参加。学校通过举办各项活动，搭建家校沟通协作的平台，促进孩子全面发展。孩子们对于父母是否参加亲子活动也有自己的想法，我们来听听孩子们的心声。

1. 渴望父母的陪伴。

亲子活动就要开始了，其他同学的爸爸妈妈都来了，为什么我的爸爸妈妈没有来？看着别的同学有家长陪，一起享受美好的节日气氛，孩子就会产生一种极大的心理落差：别的同学都有爸妈陪伴，就我没有，我多希望爸爸妈妈能够来陪陪我。

2. 需要父母的重视。

其实重要的不是家长在活动上的表现，而是爸爸妈妈对我的重视程度。爸爸妈妈每次都不能抽空参加学校的活动，而是去忙自己的事情，我觉得父母不重视我，不关心我。

3. 渴望被尊重、理解。

每次我邀请爸爸妈妈来学校参加亲子活动，爸爸妈妈就会以工作忙等为理由而不去，然后要求我要多努力学习，提高自己的成绩，其他的事情让我不要乱操心。其实那些活动我也非常想参加，但是你们都不鼓励我、支持我。

其实，学校举办各项亲子活动，目的是为了拉进亲子关系，架起家校沟通的桥梁，让家长了解孩子在校的学习及生活情况，营造良好的教育环境，搭建沟通的桥梁，构建信任的桥梁。孩子也非常渴望得到父母的陪伴、尊重和理解，家长应该了解孩子的真实想法，积极参与到孩子的成长活动中进来。

实施指南

学校经常举办各项亲子活动，需要家长参与进来。面对学校开展的亲子活动，不同类型的家长会有不同反应。

①支持型：一部分家长表示他们十分支持学校举办这类活动，他们认为举办元宵节制作灯笼这一主题活动可以拉近家长与孩子之间的距离，同时还培养孩子们的动手能力。

②只关心学业型：一部分家长认为孩子在学校只要完成学业即可，其他的活动都是多余的，没有任何意义。

③无心应付型：一部分家长认为，学校布置的一些亲子活动对于孩子来说难度较大，因此这一重任就落到了家长的身上。而且学校活动多，家长都需要工作，本身就已经十分疲惫了，再无精力去应付老师布置的作业，也没有精力去学校参与活动。

当然，不参加学校举办的亲子运动会、布置的各种亲子作业等相关活动的家长是极少数的。其实，学校举办活动是为了更有效地拉近家长与孩子之间的距离，加强孩子与家长之间的交流与沟通。作为家长，我们不妨试试以下行动策略。

◆ 策略一：树立正确的家校合作观。

1.家长要改变传统的观念。

家长不要认为把孩子送到学校就完成了自己的责任。积极参与学校教育，可以学到科学的教育方法和技能，提升应对和处理子女教育问题的能力。在案例中，小明的爸爸妈妈因为觉得学校做灯笼与学习无关，而且嫌做灯笼麻烦，所以没有和小明共同完成亲子灯笼的制作，小明看到大家都有亲子制作的精美的灯笼，再对比自己简陋的灯笼，心里十分失落。小明看见同学的爸爸妈妈都能来参加亲子运动会，自己的爸爸妈妈都没有出席，这导致孩子产生失落感，从而慢慢变得自卑，既影响亲子关系，又不利于孩子身心健康成长。所以家长要转变家校合作的观念，充分认识到自己在家校合作中的重要作用，与学校教育一起为孩子营造和谐的教育环境。

2. 家长要认识到参与家校合作是家长的权利和义务。

不要放弃权利，更不能不履行义务。不少家长在自己的领域有一席之地，那么在孩子的教育这方面最好也不要缺席，要利用自身优势，为孩子们尽一份力。家长积极参与，家校合作才能进行，家长和教师才能针对问题进行讨论。家长应抓住参与学校活动的机会，更新教育理念。家长应该保持开放学习的态度，参与学校的活动时要自信，积极主动与老师进行沟通，敢于提出各种意见和建议，积累教育的经验，主动与教师和其他家长分享教育经验和学习成果，共同搭建家校合作的资源共享平台。

3. 家长积极主动参加学校的活动，对孩子的教育十分有利。

家长参加学校活动，首先可以让家长感受到孩子的成长，看到孩子成长的足迹，这些足迹是亲子关系的润滑剂，是家庭幸福的财富。其次还可以让家长了解到学校这一学期的教育计划和主要教育活动，这样家长便可配合学校进行工作，使孩子受到更多的教育。在参加学校的具体活动中，家长不但了解了孩子所在班级的情况，也了解了孩子在学校的许多具体表现，这样教育起来就更有针对性和说服力。通过参加学校的具体活动，家长清楚了教师的教育思路和教育方法，这样互相配合，长短相补，使孩子更好地成长起来。总之，家长参加学校的一些活动好处非常多，因此，家长应该主动地、积极地与学校联系、配合，参加一些必要的活动。

◆ 策略二：认识学校活动对孩子成长的重要性。

>>> 1. 家长要认识到学校活动对孩子成长的重要性。

学校举办各种亲子活动能够让孩子和父母共同努力完成任务，在这个过程中能够增进彼此之间的感情，还能够培养孩子的动手实践能力，让孩子更富有创造力。家长不能让孩子只学习课本知识，更应该让孩子学会与人相处之道，培养责任心和荣誉感，这些对于孩子的成长来说都是必不可少的。

那些经常参与学校活动的孩子常常表现出与众不同的特点，主要表现在以下三个方面：①人际交往能力强，善于沟通。经常参与学校活动的孩子能够与不同的人打交道，交往能力得到锻炼。良好的沟通能力能够使其获得更多的发展机会。②心理素质较好，适应性强。经常参与学校活动的学生对各种突发事件能够应付自如，应对挫折的能力也比较强，能够比同龄人更快适应新环境。③自我规划的能力强，学习效率高。经常参与学校活动的孩子必须时常做好各种计划，他们必须安排好自己的学习，才能更好地参与活动，这会迫使他们不断提高办事与学习的效率，于是，学习能力在这个过程中也得到了锻炼。

>>> 2. 在家校合作中，注重培养孩子的综合素质。

对家长而言，在参与学校活动的过程中，不单单要了解子女的性格、习惯以及学习、生活情况，更应该关注孩子的综合素质。为提升孩子的综合素质，家长要避免过多地比较孩子间的学习成绩，要注重孩子思维能力、道德修养、应变能力等多方面的培养与引导，做好日常家庭学校沟通的构建。家长既是活动的参与者，也是活动的学习者，家长首先要认识到自身在合作中的重要价值。只有家长积极参与了，家校合作才能持续地开展，从而对孩子的成长和发展起到积极作用。对孩子的成长来说，和父母共同完成一些任务，有利于增进彼此的感情，更能够培养孩子的动手能力。

3. 鼓励孩子参与班级、学校活动。

绝大多数孩子都乐于参加学校活动，这是有利于他们健康成长的，家长对此也应该持支持态度。如果家长一味地限制孩子的行为，就会使孩子产生挫折感，使得孩子在今后的社会适应过程中，缺乏自信心，难以与别人沟通。而且，当前的小学生大都是独生子女，大多是在父母的呵护下成长起来的，久而久之学生往往养成一种以自我为中心的思想，很难融入到集体生活中。因此，需要家长积极配合学校，鼓励孩子参与集体活动，在各种各样的活动中让孩子互相宽容、互相理解、互相学习、取长补短，这样才能促进孩子的健康成长，德智体美劳全面发展。例如学校亲子运动会，我们作为家长可以鼓励孩子报名参加自己喜欢的运动，并且抽空到校参加，这既是配合学校的工作，也是为孩子全面发展献出力量的表现。

策略三：尊重孩子、鼓励孩子。

1. 在教育中应该尊重孩子，耐心沟通，换位思考。

平时要尽量与孩子耐心沟通，成为孩子的朋友，才能真正了解孩子，从而对孩子进行影响教育。父母要对孩子严而友爱，不粗暴，不打骂；爱而有度，不溺爱，不纵容。在案例中，小明的妈妈在小明邀请她去学校参与活动时，她以冷冰冰的态度回应孩子，以工作忙为理由不去参加学校活动，总之就是不支持孩子参与学校活动，而孩子也因为没有家长的支持而伤心难过，从而慢慢没有自信。这个案例也启发我们在亲子沟通中要学会尊重孩子的感受，学会换位思考，互相体谅，爱的教育比其他都来得有效。

> >> 2. 恰到好处的鼓励与赞美是父母与孩子沟通的润滑剂。

家长对孩子的了解、欣赏、赞美、鼓励会增强孩子的自尊自信。切记：赞美鼓励使孩子进步，批评抱怨使孩子落后。但赞美要把握住度，不能过于偏激。作为家长，我们需要为子女的成长营造良好的家庭氛围，主动了解子女的在校情况，鼓励孩子大胆参与学校活动，在孩子失落或遇到困难时要给予帮助，为孩子创造一个良好的成长环境，促进孩子健康的发展。

延伸拓展

阅读推荐

> >> 1.《好父母　好家教——魏书生谈家庭教育》(著者：魏书生；出版单位：漓江出版社)。

理由及建议：该书根据近七十种实际情况为众多家长答疑解难，教育家长要做孩子的良师益友(如何批评孩子)，教育子女德为先，培养孩子良好的习惯，因材施教，为家庭分忧，能使孩子更坚强。通过阅读该书，家长能学会从学校老师的角度来看孩子，能搭建起家长、孩子、老师三者之间沟通的桥梁，能有效加强各方的凝聚力。

> >> 2.《如何培养孩子的社会能力：教孩子学会解决冲突和与他人相处的技巧》(著者：[美]默娜·B. 舒尔、特里萨·弗伊·迪吉若尼莫；译者：张雪兰；出版单位：北京联合出版公司)。

理由及建议：社会能力就是孩子解决冲突和与人相处的能力。人是社会动物，没有社会能力的孩子很难取得成功。该书的作者舒尔提出“我能解决问题”法，通过对话、游戏和活动等独特的方式，让家长学会正确引导孩子自主地解决问题、积极地处理与朋友、老师和家人之间的日常冲突，等等。通过阅读该书，家长可以教会孩子与人和谐相处的技巧，帮助孩子成长为一个社会能力强、充满自信的人。

》》 3.《合作的力量：家校合作调查报告》(著者：张俊、吴重涵、王梅雾；出版单位：江西教育出版社)。

理由及建议：该书根据“江西省家校合作跟踪调查”的近24万份大样本数据，通过实证分析方法，系统地探讨了我国家长参与家校合作的现状和特征，并概括总结出符合时代需求的家校合作理论和行动原则，这在一定程度上能有效指导广大家长在家庭教育中的实践。

评估改进

一、自我评估

学校教育、家庭教育是孩子成长教育的两个重要组成部分。为了更清晰地了解您的家庭教育方式及家校沟通的程度，促进孩子健康成长与全面发展，请您完成以下评估测试。若情况相符，则选“是”；若情况不相符，则选“否”。

	是	否
① 您认为只有当孩子出现问题时，家长才需要和孩子沟通，平常相互间尽量少说话。	□	□
② 您认为孩子应自由成长，家长不需要了解孩子在学习、生活、交友、兴趣爱好等方面的具体情况。	□	□
③ 只有心情好的时候，您才会抽出时间陪伴孩子。	□	□
④ 您认为除了学习，孩子完全不用参加任何其他的活动，如家务劳动、学校或社区组织的社会实践等。	□	□

	是	否
⑤ 您认为学校教育和家庭教育相结合对孩子的健康成长并没有什么大作用。	□	□
⑥ 您认为家长根本没有必要向老师反映孩子在家里的状态。	□	□
⑦ 您认为只有当孩子需要请假或者没有带上学所需的物品时，才需要和老师沟通，平时尽量不联系。	□	□
⑧ 当孩子在学校出现问题时，您认为教育孩子是老师必须做好的事情，与家长无关。	□	□
⑨ 您认为与老师沟通时，只需要打电话或发送微信消息，可以不用参加家长会。	□	□
⑩ 您认为家访对孩子的成长没有任何促进作用。	□	□
⑪ 当学校举办主题活动时，您认为只要孩子自己玩得开心即可，家长根本不用到场。	□	□
⑫ 在对孩子的评价上，您无法接受老师的意见和您的看法存在较大差异。	□	□

【评估参考】

如果您选“是”比较多的话，那么说明您没有认识到家庭教育与学校教育相结合的重要性，而且您的家庭教育方式也存在较多的不足。您需要对照选择了“是”的题目，逐一改进自己的家庭教育方式，及时调整对学校教育的认识，重视与学校的沟通、交流。如果您选“否”比较多的话，那么说明您对孩子的家庭教育方法较为合理，能积极参与家校活动，充分发挥了学校教育和家庭教育对促进孩子成长的共同作用。

二、改进计划

亲爱的家长，您好！阅读本专题后，您应该对如何在达成育人共识中升华感恩之情有了更深刻的认识和理解。下面请您结合实际情况，写出自己的改进计划，并逐项完成。